TABLE

Des Titres de la Coutume de Paris.

Fin de la Table.

* *Nota*. Voyez les Ordonnances de Louis XV. des mois de Février 1731. & Août 1735. intervenuës ſur cette matiere.

TEXTE

TEXTE
DES
COUTUMES
DE LA PREVOSTE',
ET VICOMTE'
DE PARIS,

Avec des Notes, ou Décisions sommaires sur chaque Article, & les rapports des Articles les uns avec les autres.

Par Maître CLAUDE DE FERRIERE, *Avocat au Parlement.*

A PARIS,

Chez DE BATS, Grand'Salle du Palais, à S. François.

M. DCC. XL.

Avec Privilege du Roi.

Daunou

Ex libris Jaubert

TEXTE DE LA COUTUME DE PARIS,

Avec des Notes.

TITRE PREMIER.

Des Fiefs.

ARTICLE I.

De la saisie féodale, & de ses effets.

E Seigneur féodal, par faute d'homme, droits, & [a] devoirs, non faits & non payés, peut mettre en sa main [b] le Fief mouvant de lui, [c] &

icelui Fief exploiter en pure perte, & faire les fruits siens [d] pendant la main-mise, [e] *à la charge d'en user comme un bon pere de famille.* [f]

Cet Article étoit aussi le premier de l'ancienne Coutume, auquel ont été ajoûtés ces derniers mots, *à la charge*, *&c.*

a La particule *&* en ce lieu se prend pour la disjonctive *ou* : recours à mon Commentaire.

b 40. jours après l'acquisition par succession, art. 7. & par toute autre cause.

c Et ensuite les arriere-Fiefs ouverts, art. 52. 54.

d *Secus* faute de dénombrement baillé, art. 9.

e Pourvû qu'elle soit renouvellée de trois ans en trois ans, art. 31. 62.

f Art. 54. & s'il en usoit autrement, il seroit poursuivi pour dommages & interêts.

ARTICLE II.

De la saisie féodale faite par l'Usufruitier du Fief dominant.

L'Usufruitier d'un Fief peut à

sa requête, perils & fortunes, a *faire saisir le Fief, ou Fiefs & Arrieres-Fiefs, mouvans & dépendans du Fief dont il jouit par usufruit, à faute d'hommes, droits & devoirs non faits, & non payés.* b *Pourvû qu'en l'exploit qui sera fait, le nom du Proprietaire du Fief soit mis & apposé : sommation toutesfois préalablement faites audit Proprietaire, à sa personne, ou au lieu du Fief dominant, de faire saisir. Et ne peut le Proprietaire bailler main-levée,* c *sinon en payant les droits audit Usufruitier.* d

Cet Article a été ajoûté à l'ancienne Coutume, par l'avis des trois Etats.

a Et partant, si la saisie est déclarée nulle & tortionnaire, l'Usufruitier doit être condamné en son propre nom aux dommages & interêts du Vassal saisi.

b *Secus* faute de dénombrement, art. 9.

c Ce qui se doit entendre au cas que le Proprietaire ait saisi.

d Et s'ils n'étoient pas payés, la saisie

ne laisseroit pas de subsister, avec perte des fruits au profit de l'Usufruitier, jusqu'à ce qu'ils fussent payés : recours à mon Commentaire.

ARTICLE III.

Si, & quant sont dûs droits pecuniaires, pour Fief échû par succession directe aux Descendans.

Quand aucun Fief échet par succession de pere, mere, ayeul, ou ayeule, il n'est dû au Seigneur féodal dudit Fief par les Descendans en ligne directe, que la bouche & les mains, avec le serment de fidelité; *a* quand lesdits pere & mere, ayeul, ou ayeule, ont fait & payé les droits & devoirs en leurs tems : *b* En ce non compris les Fiefs qui relevent & se gouvernent selon la Coutume du Vexin-le-François; *esquels Fiefs qui se gouvernent, selon la Coutume du Vexin*, *c* *est dû relief à toutes mutations ;* d *Et aussi ne sont dûs quints.*

Cet Article étoit le deuxiéme de l'ancienne Coutume, auquel ont été ajoûtés ces mots, *esquels Fiefs, &c.*

a Ces termes, *avec le serment de fidelité*, sont inutiles ; car la bouche & les mains se prend pour la foi & hommage, art. 26.

b En ce cas les enfans sont tenus de payer les droits dûs par leurs pere & mere, ainsi que tout Acquereur à quelque titre que ce soit. Quant aux devoirs ; ces termes, *fait devoirs*, sont inutiles, puisque tout Acquereur, sans distinction, est obligé à la foi & hommage envers son Seigneur.

c C'est un usage particulier qui dépend des anciens titres & investitures des Fiefs, faites par les Seigneurs, ainsi il y a de ces Fiefs dans quelqu'autres Coutumes.

d Même pour le premier mariage, art. 35. *verbo, que du relief* : recours à mon Commentaire.

ARTICLE IV.

Si droits pécuniaires sont dûs au Seigneur pour Fiefs échûs aux Ascendans, par succession de leurs Descendans.

Pareillement aux successions, venant à pere, mere, ayeul ou ayeule, a *de leurs enfans & descendans, n'est dû au Seigneur féodal que la bouche & les mains, avec le serment de fidelité,* b *quand lesdits enfans ont fait l'hommage,* c *& payé les droits: fors & excepté les Fiefs du Vexin, comme dessus.*

a Ou pour Fiefs échûs, soit par droit de retour, art. 313. ou par droit de succession des acquêts & conquêts, art. 311. & 315. & même des propres d'une autre ligne, au défaut d'heritiers des propres.

b Voyez l'Article 1. *lit. a.*

c Ces termes *ont fait l'hommage*, sont inutiles, ainsi quil est dit sur l'article précedent.

ARTICLE V.

Si le relief est dû par la Veuve, acceptant la communauté, ou par les heritiers du mari, pour la renonciation faite par la Veuve à la communauté.

N'est dû foi & hommage, relief, ni profit féodal par la femme acceptant la communauté, pour les Fiefs acquis par le mari durant ladite communauté. a *Aussi n'est dû relief, ni profit feodal par les heritiers* b *dudit mari, avenant que ladite veuve renonce à ladite communauté : encore que par le moyen de ladite renonciation, le total dudit Fief demeure aux heritiers du mari ;* c *pourvû qu'esdits cas ledit mari ait fait la foi & hommage, & payé les droits.*

a Parce qu'il n'y a point de mutation en sa personne par le partage de la communauté, & qu'elle n'acquiert rien de nouveau par ce moyen.

b Ce qui ne se peut entendre que des heritiers en ligne directe ; car par les heritiers collateraux seroit dû relief par l'article 33.

c *Secus* si les heritiers collateraux du mari cedoient gratuitement leur part dans les biens de la communauté ; le relief en ce cas seroit dû par la femme pour la moitié des Fiefs qui lui écheroient par ce moyen.

ARTICLE VI.

Si le relief est dû pour la portion des enfans qui renoncent à la succession de leurs Ascendans, qui accroît aux autres enfans.

N'est aussi dû droit de relief par la renonciation faite par aucuns des enfans à l'hérédité de leurs pere & mere, ayeul ou ayeule, encore que par ladite renonciation il y ait accroissement au profit des autres enfans ; pourvû toutefois, que pour faire ladite renonciation, n'y ait argent baillé, a *ou autre chose équipollante.* b a *Imò*, quoiqu'il y eût une somme d'argent donnée au renonçant, il ne seroit rien dû au Seigneur, en consequence de cette renonciation : recours à mon Traité des Fiefs.

b Comme si la renonciation étoit faite à la charge que le Renonçant demeureroit quitte d'une somme dont il seroit redevable à la succession.

ARTICLE VII.

Dans quel tems le Seigneur peut saisir le Fief mouvant de lui.

Le Seigneur féodal, après le trépas de son Vassal, ne peut saisir le Fief mouvant de lui, ni exploiter en pure perte jusqu'à quarante jours, *a* après ledit trépas. *b*

Cet Article étoit le 4.

a *Idem*, quand le nouveau Vassal a acquis le Fief par toute autre cause d'acquisition.

b Ces quarante jours se comptent de la mort du Vassal qui étoit en foi, & non pas de la mort de l'heritier du Vassal.

ARTICLE VIII.

Dans quel tems se doit bailler le dénombrement, & en quelle forme.

Le Vassal, qui a été reçû en foi & hommage par son Seigneur, est tenu de bailler son dénombrement [a] *en forme probante & autentique, écrit en parchemin, passé pardevant Notaires ou Tabellions*, dans quarante jours, [b] à compter du jour de ladite réception.

Cet Article étoit le 5.

a Quoiqu'il ait succedé au Fief par succession.

b Toutefois il dépend de lui de le donner plûtôt, & par l'acte de foi & hommage, par l'art. 11.

ARTICLE IX.

Saisie féodale, faute de dénombrement, n'emporte point perte de fruits.

Si le Vassal ne baille son dénombrement dedans 40. jours, après qu'il aura été reçû par son Seigneur en foi & hommage, icelui Seigneur peut saisir [a] le Fief, & y mettre Commissaires, jusqu'à ce que ledit dénombrement lui ait été baillé : mais il ne fait les fruits siens, & en doit rendre compte le Commissaire, [b] après icelui dénombrement baillé.

Cet Article étoit le 6.

a Cette saisie ne dépossede pas le Vassal entierement ; c'est pourquoi les Arrieres-Fiefs ouverts ne peuvent être saisis, & le Vassal peut conferer les Bénéfices dépendant de son Fief.

b De l'insolvabilité duquel le Seigneur est responsable.

ARTICLE X.

Du blâme du dénombrement.

Après que le Vassal a baillé son dénombrement au Seigneur féodal, ledit Seigneur féodal est tenu de blâmer ledit dénombrement dans quarante jours, après icelui baillé, autrement eſt tenu pour reçû. Toutefois ledit Vaſſal eſt tenu d'aller ou envoyer querir ledit blâme, *a* au lieu du principal manoir, dont eſt mouvant ledit Fief.

Cet Article étoit le 44.

a Il eſt de plus tenu de ſommer le Seigneur de lui fournir de blâme, & juſqu'à ce, le Seigneur peut blâmer le dénombrement de ſon Vaſſal.

ARTICLE XI.

Si le dénombrement ſe peut bailler devant les quarante jours.

Neanmoins le Vaſſal qui a fait ſes foi & hommage, & offres au deſir de la Coutume, peut bailler ſondit dénombrement quand bon lui ſemble, a *& n'eſt tenu attendre leſdits quarante jours, ni la réception en foi.*

a Il peut donner ſon dênombrement par un même Acte que la réception en foi ; mais il ne le peut pas donner avant la réception en foi.

ARTICLE XII.

Si le Fief, la foi, & les profits féodaux se peuvent prescrire.

Le Seigneur féodal ne peut prescrire contre son Vassal *le Fief sur lui saisi, ou mis en sa main, par faute d'homme, droits & devoirs non faits, ou dénombrement non baillé,* [a] ni le Vassal la foi qu'il doit à son Seigneur, *pour quelque tems qu'il en ait joui, encore que ce fût par cent ans & plus. Toutefois les profits des Fiefs échûs se prescrivent par trente ans,* [b] *s'il n'y a saisie ou instance pour raison d'iceux.*

Cet Article est au lieu du septiéme corrigé.

a *Secus* quand il l'a possedé par quelque cause translative de propriété.

b Même contre le Roi & contre l'Eglise.

ARTICLE XIII.

Du préciput du Fils aîné.

Au fils aîné [a] appartient par préciput [b] le Château ou manoir principal, & basse-court, attenant & contiguë audit manoir, destinée à icelui, encore que le fossé du Château, ou quelque chemin fût entre deux. Et outre, lui appartient un arpent de terre de l'enclos, ou jardin joignant ledit manoir, [c] si tant y en a : Et si ledit enclos contient davantage, l'aîné peut retenir le tout, en baillant récompense aux puînés de ce qui est outre ledit arpent, en terres de même Fief, si tant y en a, sinon en autres terres, ou heritages de ladite succession à la commodité des puînés, le plus que faire se pourra, au dire de Prud'hommes.

Cet Article a été mis au lieu du 8.

a *Item*, aux enfans de l'aîné mâle ou femelle par représentation de leur pere en la succession de l'ayeul ou ayeule, art. 324.

b Quand il est heritier, *secus* quand il prend le doüaire avec les autres, art. 250.

c Que s'il n'y a point d'enclos au jardin, il ne prend point d'arpent de terre en autre lieu.

ARTICLE XIV.

Du Moulin, Four, ou Pressoir, qui se trouvent dans l'Enclos.

Si dans l'Enclos du préciput, Four ou Pressoir, le corps dudit Moulin, Four, ou Pressoir appartient à l'aîné : mais le profit du Moulin bannal, ou non bannal, & du Four & Pressoir, s'ils sont bannaux, se partira comme le reste du Fief : & sont tenus les puînés de contribuer aux frais des Moulins, tournans & travaillans dudit Moulin, corps du Four & Pressoir, & ustancilles d'iceux, pour portion du profit qu'ils prennent. Peut toutefois l'aîné avoir ledit droit de profit & bannalité, en récompensant lesdits puinés, comme dessus. a

a Voyez l'Art. 13.

ARTICLE XV.

Du préciput de l'aîné, venant à la succession, avec un seul coheritier.

Quand pere & mere ayant Fief, & heritages tenus noblemement, [a] vont de vie à trépas, délaissant seulement deux enfans venans à leur succession, [b] au fils aîné, pour son droit d'aînesse appartient par préciput en chacune desdites successions, [c] tant de pere que de mere, un Hôtel tenu en Fief, tel qu'il veut choisir pour manoir principal, *avec l'enclos & basse-cour, comme dessus est dit:* Et les deux tiers des susdits Fiefs, & heritages

ritages tenus noblement : *d* Et à l'autre desdits enfans compete & appartient l'autre tiers, & résidu desdits Fiefs & heritages noblement tenus, étant desdites successions.

Cet Article étoit le 9.

a Comme les francs-aleus nobles, art. 98. & 302.

b Ainsi ceux qui renoncent, se tenant à leur don, ne font point nombre.

c Sans préjudice des préciputs & droit d'aînesse dans les Fiefs situés dans les autres Coutumes, suivant leur disposition.

d Et autres droits féodaux, comme cens, Vassaux, rentes féodales, & autres semblables ; recours à mon Traité des Fiefs, chapitre 1. sect. 4.

ARTICLE XVI.

Quid, *si l'ainé concourt avec plusieurs coheritiers.*

S'il y a plusieurs enfans, excedans le nombre de deux venant à leurs ſucceſſions, *a* au fils aîné par préciput pour ſon droit d'aîneſſe, appartient en chacune deſdites ſucceſſions, tant de pere que de mere, un Hôtel tenu en Fief, tel qu'il veut choiſir pour principal manoir, *avec l'enclos & baſſe-court, ainſi que dit eſt*, & la moitié de tous les autres heritages tenus en Fiefs, *b* & à tous les autres enfans, enſemble l'autre moitié & réſidu deſdits Fiefs & heritages tenus noblement.

a Parce que les enfans renonçans ne font pas nombre, quoiqu'ils ſe tiennent à leur don, art. 307. *Secus* de celui qui cede ſon droit à un autre.

b Situés dans cette Coutume.

ARTICLE XVII.

Du préciput, n'y ayant qu'un Fief en la ſucceſſion des Aſcendans ; & de la préference de la légitime au droit d'aîneſſe.

Si eſdites ſucceſſions de pere &

mere, ayeul, ou ayeule, y a un seul Fief consistant seulement en un manoir, basse-court & enclos d'un arpent, sans autre appartenance, ni autres biens; audit fils aîné seul appartient ledit manoir, basse-court, & enclos, comme dessus: sauf toutefois aux autres enfans leur droit de legitime, ou droit de doüaire coutumier ou préfix, à prendre sur ledit Fief. [a] *Et où il y auroit autres biens qui fussent suffisans pour fournir lesdits droits aux enfans, le supplément de ladite legitime, ou dudit doüaire, se prendra sur ledit Fief. Et toutefois audit cas le fils aîné peut bailler aux puisnés récompense en argent, au dire de Prud'hommes, de la portion quils pourroient pretendre sur ledit Fief.*

a Ainsi le doüaire & la légitime sont préferés aux droits d'aînesse, parce que la cause des alimens est nécessaire; recours à mon Traité des Fiefs sur cet article.

ARTICLE XVIII.

Du préciput, lorſqu'il n'y a que terres ſans manoir.

S'il n'y a manoir principal en un Fief appartenant à deux ou pluſieurs enfans par la ſucceſſion de leur pere ou mere ; ains ſeulement terres labourables, le fils aîné peut avoir un arpent de terre *a* en tel lieu qu'il voudra élire pour préciput, *b* pour & au lieu dudit manoir.

Cet Article étoit le onziéme.

a Féodale.

b Sans préjudice de la moitié ou des deux tiers ſur le reſte des Terres féodales, & droits en dépendans, art. 15. & 16.

ARTICLE XIX.

Droit d'aîneſſe, n'a lieu entre filles.

Quand n'y a que filles venant à ſucceſſion directe ou collatera-

le, a droit d'aînesse, n'a lieu, & partissent également. b

a Ces termes, *ou collaterale*, sont inutiles, puisque le droit d'aînesse n'a pas lieu en succession collaterale même entre mâles, art. 331.

b Excepté quand les petites filles représentent leur pere au droit d'aînesse en la succession de leur ayeul, art. 324.

ARTICLE XX.

Du retrait féodal.

Le Seigneur féodal peut prendre, retenir, & avoir par puissance de Fief, *a* le Fief tenu & mouvant de lui, *b* qui est vendu par son Vassal, *c* en payant le prix que l'Acquereur en a baillé & payé, & les loyaux coûtemens, dans quarante jours, *d* après qu'on lui a notifié ladite vente, & exhibé les Contrats, *e* si aucuns y en a par écrit, f *& d'iceux baillé copie.*

Cet Article étoit le 13. de l'ancienne Coutume.

a Toutefois il doit se pourvoir par action, pour se faire adjuger le retrait.

Il en est exclus au cas de l'Article 21.

b En plein Fief, & non en Arriere-Fief.

c Il en peut être évincé par retrait lignager, art. 22. & 159.

d Ce tems court contre les Mineurs, absens & autres, sans esperance de restitution.

e En cas de fraude, ils ne commencent à courir que du jour de la fraude découverte.

f Ces termes, *si aucuns y en a par écrit*, doivent être rayés de cet article, parce que l'Ordonnance de Moulins, art. 54. deffend la preuve par témoins pour chose excedant la somme de cent livres.

ARTICLE XXI.

Qand le Seigneur est exclus du retrait féodal.

Si ledit Seigneur féodal a reçû le quint denier à lui dû à cause de la vendition du Fief mouvant de lui, chevi ou baillé souffrance, a ledit Seigneur féodal ne peut plus retenir ledit Fief par puissance de Fief, pour l'unir & mettre à sa table, à cause d'icelle vendition.

Cet Article étoit le 14. de l'ancienne Coutume.

a Voyez les Articles 20. 22. & 159. *Item*, s'il a demandé le quint, ou saisi pour la foi & hommage.

ARTICLE XXII.

Ledit Seigneur féodal évincé par le lignager du Vendeur, doit avoir les quints.

Quand le Seigneur féodal a pris & retenu par puissance de Fief, le Fief tenu & mouvant de lui, & ledit Fief lui est depuis évincé par retrait *lignager*, le Retrayant est tenu payer audit Seigneur les droits de quints, avant que ledit Seigneur soit tenu de le cevoir en foi & hommage dudit Fief *a*.

Cet Article a été mis au lieu de 15. & 185. le requint ôté.

a Voyez les Articles 20, 21, & 159.

ARTICLE XXIII.

Quint denier dû pour Fief vendu, ou baillé à rente rachetable.

Quand un Fief est vendu, ou baillé à rente rachetable, a l'Acheteur doit payer le quint denier du prix, ou sort principal de la rente, encore qu'elle ne soit rachetée. b

a Voyez l'Article 78. & 83.

Idem, quand il est baillé par échange, suivant les Edit & Déclaration des années 1673. & 1674. Toutefois le Fermier du Domaine reçoit le quint, lorsque le Seigneur n'a point payé la Finance au Roi, sauf à lui faire droit pour son relief.

Que si la rente est non rachetable, il n'est dû que le relief.

b *Idem*, Dans les Coutumes qui n'en

parlent point, & même de celles qui ont une disposition contraire; recours à mon Traité des Fiefs.

ARTICLE XXIV.

Profis de Fief sont réels.

Le Seigneur féodal se peut prendre à la chose a *pour les profits de son Fief.*

a Ainsi le Seigneur peut user de saisie pour les profits féodeaux, après la réception en foi; recours à mon Commentaire.

ARTICLE XXV.

Femelles n'heritent point en Fief, avec les mâles en collaterale.

En succession, ou hoirie en ligne collaterale, *a* en Fief, les femelles n'heritent point avec les mâles en pareil degré. *b*

Cet Article étoit le 16. de l'ancienne Coutume.

a *Secus* en ligne directe, suivant l'art. 13. & suivans.

b *Secus* quand la femelle vient de son

chef, & que les mâles viennent par représentation, comme au cas de l'art. 323. & 326. *in fine. Item*, en cas de propres, la femelle qui est la ligne, exclud les mâles qui n'en sont pas, par l'art. 326.

Article XXVI.

N'est dû que la Foi & Hommage, pour Fief donné aux Descendans, en avancement d'hoirie.

Le fils auquel le pere ou mere, ayeul, ou ayeule, ont donné aucun heritage tenu en Fief en avancement d'hoirie, ne doit que la bouche & les mains [a] au Seigneur féodal, *encore que la chose donnée ait été évaluée, ou qu'il renonce à la succession, ou successions de sesdits pere ou mere, ayeul, ou ayeule, & que ladite portion vaille plus que sa portion héréditaire, ou que la chose lui soit baillée en payement de ce qui lui auroit été promis par le Contrat de mariage.*

a *Idem*, pour les donations faites aux Aſcendans par les Deſcendans.

Idem, pour Fief donné par l'ayeul au petit-fils du vivant de ſon pere.

Secus, pour donnation faite à un bâtard par ſon pere naturel.

ARTICLE XXVII.

Si le droit d'aîneſſe paſſe aux puînés, l'aîné renonçant.

Si telle donation eſt faite à l'aîné, & par le moyen d'icelle, a il renonce à la ſucceſſion, entre les puînés n'y a droit d'aîneſſe.

a *Quid*, ſi la renonciation eſt gratuite ? En ce cas le puiſné ne peut point auſſi prétendre le droit d'aîneſſe ; recours à mon Traité des Fiefs ſur cet article.

ARTICLE XXVIII.

Si la ſaiſie féodale oblige le Seigneur d'acquitter les charges, rentes & hypoteques.

Le Seigneur féodal, après qu'il

a ſaiſi ou fait ſaiſir, & mettre en ſa main le Fief tenu & mouvant de lui par faute d'homme, droits, & devoirs non faits, pendant & durant le tems de ſadite main-miſe, & qu'il le tient en ſa main, n'eſt tenu de payer & acquitter les rentes, charges, ou hypoteques non inféodées, *a* conſtituées ſur icelui par ſon Vaſſal.

Cet Article étoit le dix-huitiéme.

a Ainſi il eſt obligé d'acquitter celles qui ſont inféodées, comme charges de Fief, & par lui reconnuës telles. Voyez les art. 52, 56, & 59.

ARTICLE XXIX.

Du Vaſſal qui enfraint la main-miſe.

Si le Vaſſal enfraint ladite main-miſe venuë à ſa connoiſſance, *a* il eſt tenu rendre les fruits & levées par lui reçûës dès & depuis ladite main-miſe.

Cet Article étoit le dix-neuviéme.

a C'eſt-à-dire, qui lui a été notifiée, ſuivant l'article 30.

Article XXX.

De la notification de la ſaiſie féodale.

Et pourtant ledit Seigneur féodal eſt tenu faire notifier la main-miſe à ſon Vaſſal au principal manoir de ſon Fief, du moins à celui qui tient ledit Fief, ou laboure les terres d'icelui, ou par publication generale au Prône de l'Egliſe Paroiſſiale dudit lieu ſaiſi, a *& faire enregiſtrer* b *au Greffe de la Juſtice dudit lieu.* c

a Ce qui doit être ainſi obſervé quand il n'y a point de maiſon Seigneuriale, ou quand il n'y a perſonne dans le Fief, des Domeſtiques du Vaſſal.

b L'enregiſtrement de la ſaiſie eſt néceſſaire, ſoit qu'elle ſoit notifiée au manoir, ou par publication.

c S'il n'y a point de Juſtice au Fief, l'enregiſtrement ſe doit faire en la Juſtice du Seigneur Haut-Juſticier.

ARTICLE XXXI.

La saisie féodale ne dure que trois ans.

La saisie féodale doit être renouvellée de trois ans en trois ans, a *autrement n'a effet que pour trois ans, & pour l'avenir demeurent les Commissaires déchargés.* b

a *Idem* en l'article 62. *in fine.*
Secus quand il y a contestation, instance, & procès sur la saisie féodale.

b *Ipso jure* sans l'Ordonnance du Juge. Ensorte que si le Seigneur avoit joui, il seroit obligé à restituer les fruits perçûs depuis les trois ans.

ARTICLE XXXII.

De l'âge requis pour faire la foi & hommage.

Tout homme tenant Fief, est tenu, & réputé âgé à vingt ans, & la fille à quinze ans, accomplis, quant à la foi & hommage, & charge de Fief. *a*

a Mais il n'a pas pour cela l'administration de son Fief, s'il n'est émancipé, ou marié, c'est pourquoi ces termes de l'ancienne Coutume, *& administration de Fief*, ont été ôtés.

Voyez l'Article 41.

ARTICLE XXXIII.

Quand est dû relief.

En toutes mutations de Fief *a* est dû droit de rachat ou relief; *b* fors & excepté celles qui se font par vendition ou bail à rente rachetable, esquelles est dû par l'Acheteur, ou Preneur à rente, le quint denier, *c* comme dessus est dit: Et pour celles qui se font par succession, ou par donations, en ligne directe, n'est rien dû, *si ce n'est au Vexin-le-François, comme dessus.* d

Cet Article a été mis au lieu des 22, 23, & 24. articles, le 24. abrogé pour le requint.

a Et non pour hypoteques constituées sur le Fief pour quelque somme que ce soit, excepté en quelques Coutumes; car en ce cas il n'est rien dû.

b Voyez les Articles 37. & 38.

c Article 23. & 83.

Item, celles qui se font par échanges, pour lesquelles le quint est dû. Voyez l'Art. 23.

d Article 3, 4, & 26.

ARTICLE XXXIV.

Curateur, & Commissaire, font foi, pour, & au lieu du Vassal saisi.

Le Curateur, ou Commissaire, établi à la requête des Créanciers, à un Fief saisi, peut faire la foi & hommage au Seigneur féodal a *au refus* b *d'un Vassal Proprietaire dudit Fief, pour obtenir mainlevée de la saisie féodale,* c

a Aprésent le Commissaire aux saisies réelles fait la foi par Procureur.

b Toutefois il n'est pas besoin de sommer le Vassal de la faire.

c Faites sur le Proprietaire du Fief, par

par la mort duquel il y a ouverture au Fief., & non par celle du Curateur.

ARTICLE XXXV.

Comment l'aîné acquitte ses sœurs de la foi & hommage.

Le fils aîné *a* en faisant la foi & hommage au Seigneur féodal, acquitte ses sœurs de leur premier mariage, *tant de la foi, que du relief, où il est dû relief,* b *les noms & âges desquelles il est tenu de déclarer en portant la foi.* c.

Cet Article, & les autres suivans, jusqu'au 40. inclusivement, sont au lieu des 3. & 25.

a Le commencement de cet Article est mal conçû; car il semble que l'aîné peut seul faire la foi pour ses sœurs, & en ce faisant, les en acquitter, & du relief, tant pour la mutation présente, que pour leur premier mariage; cependant cela n'est pas vrai puisque l'Article 30. décharge les filles du relief pour leur premier mariage, quoique l'aîné n'ait pas porté la foi & hommage pour ses sœurs.

L'aîné se doit entendre seulement à l'égard des Fiefs échûs en directe.

b Cela s'entend des Fiefs du Vexin-le-François.

c Et partant, il ne peut pas faire la foi pour ses puînés, puisque cet Article n'en parle point.

ARTICLE XXXVI.

Quid, s'il n'y a que filles, & que l'aîné n'ait porté la foi & hommage.

Et s'il n'y a que filles, ou que le fils aîné, si aucun y a, n'ait porté la foi & hommage, a n'est dû droit de relief en ligne directe par lesdites filles, à cause de leur premier mariage, lesquelles neanmoins esdits cas, ou leurs maris pour elles, doivent porter ladite foi, b *sans payer relief.*

a Pour ses sœurs, déclarant leurs noms & âges, art. 35.

b Ainsi *à contrario*, elles ne sont pas obligées, ni leurs maris, pour elles, de la réiteret, quand elle a été faite par l'aîné.

ARTICLE XXXVII.

Les filles doivent relief pour leurs seconds & autres mariages.

Mais si elles se marient en secondes ou autres nôces, est dû relief pour chacun desdits autres mariages. a

a *Secus* quand la femme n'est point commune, & qu'elle a l'administration de ses biens, ou qu'elle est séparée de biens.

ARTICLE XXXVIII.

Cas esquels la femme doit relief pour ses mariages.

Et si pendant ledit premier, second, ou autre mariage, ledit Fief *échet à une femme en ligne directe, semblablement n'est dû relief pour ladite mutation : Mais si ledit* Fief *échet en ligne collaterale, avant qu'elle soit mariée, est dû relief, comme aussi est dû en toutes mutations qu'elle fera par mariage : & si pendant l'un desdits mariages, ledit Fief lui échet en ligne collaterale, n'est dû qu'un seul droit de relief pour ladite mutation, tant pour son mari, que pour elle.* a

a Même pour Fiefs du Vexin-le-François.

ARTICLE XXXIX.

Si la Veuve doit relief pour ses Fiefs.

La femme demeurant en viduité, après le decès de son mari, qui avoit relevé son Fief, & payé les droits pour ce dûs, ne doit aucun relief, ains seulement est tenuë faire la foi & hommage, si elle ne l'a faite. a

a Ou son mari pour elle, *quod supplendum* ; recours à mon Commentaire.

ARTICLE XL.

L'Heritier est tenu d'acquitter la doüairiere du relief, quand il est dû.

La femme doüairiere n'est tenuë faire la foi & hommage, ne payer aucun relief, ne profit ; mais est tenu l'heritier l'en acquitter, & payer le profit, s'il est dû de son chef. a

a Ce qui arriveroit, ou parce que ce seroit un heritier collateral, ou un heritier en ligne directe, au cas que le Fief se réglât, suivant le Vexin-le-François.

ARTICLE XLI.

De la souffrance pour les Mineurs.

Si tous les enfans ausquels appartient aucun Fief, sont mineurs, & en tutelle, *a* le Seigeur féodal est tenu de leur bailler souffrance ; [b] ou à leur Tuteur, jusqu'à ce qu'ils, ou l'un d'eux soient en âge, pour faire ladite foi & hommage. Pour laquelle faire le fils est réputé âgé à l'âge de vingt ans, & la fille à l'âge de quinze ans accomplis, comme dessus est dit. [c] *Et est tenu le Tuteur déclarer les noms & âges des Mineurs pour lesquels il demande souffrance.*

Cet Article est au lieu des 28. & 29.

a Ainsi quand ils ne sont plus en tutelle, soit par émancipation expresse, ou par mariage, ils ne sont pas tenus de faire la foi & hommage. Et partant la souffrance de la fille cesse par son mariage.

b Pourvû qu'elle lui soit demandée, autrement l'effet de la saisie auroit lieu contre le Mineur, sauf son recours contre son Tuteur ; recours à mon Traité des Fiefs sur cet Article.

c Voyez l'Article 32.

ARTICLE XLII.

Effet de la souffrance.

Souffrance vaut foi, tant qu'elle dure.

Cet Article étoit le 27.

ARTICLE XLIII.

De la Commise, ou du Desaveu.

Le Vassal qui dénie *a* le Fief être tenu du Seigneur féodal, dont il est tenu & mouvant, confisque *b* icelui Fief.

Cet Article étoit le 30.

a Frauduleusement, à dessein, & de propos déliberé, & en jugement.

b Non pas *ipso jure* : Mais par Sentence du Juge.

ARTICLE XLIV.

De la communication des Titres entre le Seigneur & le Vassal.

Et après que le Vassal aura

avoüé [a] *ledit Seigneur féodal, lesdits Seigneur & Vassal communiqueront l'un à l'autre leurs aveux, dénombremens, & Titres de la teneur dudit Fief, qu'ils ont pardevers eux, & s'en purgeront par serment, s'ils en sont requis, & est tenu le Vassal satisfaire le premier.*

a Le Vassal est tenu *in limine judicii* d'avoüer, ou désavoüer son Seigneur, quand il ne peut pas douter qu'il releve de lui.

ARTICLE XLV.

Effet du desaveu.

Si le Seigneur a mis en sa main le Fief qu'il dit être mouvant de lui par faute d'homme, & le Vassal le désavoue, ou dénie à Seigneur, [a] icelui Vassal doit avoir provision, & jouir dudit Fief pendant le Procès. [b]

Cet Article étoit le 31.

a Voyez l'Article 43.

b En ſorte néanmoins qu'il eſt obligé de reſtituer les fruits depuis la main-levée proviſionnelle, au cas de l'adjudication de la commiſe au profit du Seigneur ; mais cette contrainte n'eſt pas par corps.

ARTICLE XLVI.

Le Gardien noble, ou Bourgeois, n'eſt tenu payer droit de relief pour les heritages féodaux appartenans aux Mineurs, deſquels il eſt gardien ; mais il eſt tenu les en acquitter, *a* s'il en eſt dû du chef deſdits Mineurs. *b*

a Article 267.
b Comme pour Fiefs du Vexin-le-François.

ARTICLE XLVII.

Ce que c'eſt que Relief.

Droit de Relief, *a* eſt le revenu du Fief d'un an, ou le dire de Prud'hommes, ou une ſomme pour une fois offerte de la part du

Vassal, au choix & élection du Seigneur féodal.

Cet Article étoit le 33.

a Les Articles qui parlent du Relief, sont les 3, 4, 5, 6, 26, 33, 37, 38, 46, 47, 48, 49, 50, 56, 58, & 66.

ARTICLE XLVIII.

Du revenu d'un an pour fruits qui ne se perçoivent point par chaque année.

S'il y a Bois taillis, Etangs, Saulsaye, & autres choses semblables qui ne se coupent ou perçoivent par chacun an, les fruits se prennent pour portion du tems qu'ils ont accoûtumé être pris, coupés, ou perçûs, a *encore qu'ils soient coupés ou perçûs, ou non en ladite année,* b *les frais déduits sur lesdits fruits.*

a *Secus* quant à la saisie féodale.

b Pourvû que le Vassal n'ait pas donné son Fief à ferme; car il seroit obligé de se contenter de la redevance, suivant les Articles 56. & 63.

ARTICLE XLIX.

Quand commence l'année du Relief.

Et commence ladite année au jour des offres acceptées, ou valablement faites par le Vassal, jusqu'à pareil jour l'an révolu, & ne se fait qu'une seule cueillette d'une sorte de fruits.

Voyez les deux Articles précedens.

ARTICLE L.

Communication des Papiers de recette par le Vassal.

Le Seigneur féodal, qui a choisi pour son droit de relief, le revenu d'un an, du Fief mouvant de lui, peut (si bon lui semble) prendre icelui revenu, & est le Vassal tenu lui communiquer les papiers de ses recettes, [a] ou lui en extraire la déclaration sur iceux papiers aux dépens du Seigneur.

Cet Article étoit le 34.

a Au cas qu'il en ait, comme s'il avoit déja joui du Fief pendant plusieurs années, par la négligence du Seigneur, ou quand la femme se remarie, laquelle par conséquent a les papiers de recettes, faits pendant son premier mariage, & son veuvage.

ARTICLE LI.

Si le Vassal peut démembrer son Fief.

Le Vassal ne peut démembrer son Fief au préjudice, & sans le consentement de son Seigneur : a *Bien se peût joüer & disposer, & faire son profit des heritages, rentes, ou cens étant dudit Fief, sans payer profit au Seigneur dominant, pourvû que l'alienation n'excede les deux tiers, & qu'il en retienne la foi entiere, & quelque droit Seigneurial & domanial* b *sur ce qu'il aliene.*

Cet Article étoit le 35. & l'addition est au lieu du 41.

a C'est-à-dire, que le Vassal ne peut pas aliener une partie de son Fief, avec démission de foi; ensorte que la partie alienée fasse un Fief total séparé de l'autre partie : mais le vassal peut aliener jusqu'aux deux tiers, sans le consentement de son Seigneur, comme il est porté dans cet Article.

b Comme le cens, le champart, quand il est au lieu du cens, la rente fonciere non rachetable, qui tient lieu de cens, la rente annuelle dûë par Bail emphyteotique faite d'une partie du Fief, & la foi & hommage, à laquelle une partie du Fief a été baillée; recours à mon Traité des Fiefs sur cet Article.

ARTICLE LII.

Ce que le Seigneur peut saisir en cas d'ouverture de Fief.

Et neanmoins s'il y a ouverture dudit Fief, le Seigneur peut exploiter tout ledit Fief, tant pour ce qui est retenu, qu'alicné. a *sinon que le Seigneur féodal eût infeodé* b *le droït domanial rete-*

nu, en faiſant ladite alienation, ou bien qu'il l'eût reçû par aveu.

a Quoique la partie alienée ait étê baillée à la charge du cens; ſauf néanmoins le recours au Proprietaire de cette partie contre celui à qui appartient le Fief ouvert, au cas que le Seigneur en eût joui.

b Voyez l'Art. 88. & l'Art. 9. *in fine*, avec la note.

ARTICLE LIII.

De la réunion des rotures aux Fiefs.

Les heritages acquis a *par un Seigneur de Fief, en ſa cenſive, ſont réunis à ſon Fief, & cenſés féodaux, ſi par exprès le Seigneur ne declare qu'il veut que leſdits heritages demeurent en roture.* b.

a Par quelque titre d'acquiſition que ce ſoit, même par ſucceſſion.

b Pourvû que la déclaration ſe faſſe *in continenti*: Que ſi l'acquiſition ſe fait par succession, la déclaration se peut faire par l'acte d'appréhention d'heredité, ou pardevant Notaires.

ARTICLE LIV.

Si le Seigneur féodal peut saisir les arrieres-Fiefs ouverts.

Le Seigneur féodal qui met en sa main le Fief mouvant de lui par faute d'homme, droits & devoirs non faits, [a] peut semblablement mettre en sa main tous les arrieres-Fiefs ouverts, *pour en jouir comme un bon pere de famille.* [b]

. Cet Article étoit le 36.

a *Secus* quand la saisie est faite faute de dénombrement, parce que cette saisie seroit inutile au Seigneur suzerain, n'emportant pas gain des fruits.

b Voyez l'Article 1. *in fine. Idem*, quand le Seigneur jouit du Fief en vertu du relief.

ARTICLE LV.

A quelle charge la main-levée se donne aux Seigneurs des Arrieres-Fiefs.

En ce cas les Propriétaires ou Seigneurs desdits Arrieres-Fiefs, & chacun d'eux, peuvent faire la foi & hommage au Seigneur, *a* dont ils tiennent en Arrieres-Fiefs, lequel est tenu de les recevoir, & leur bailler main-levée, en lui payant les droits & devoirs, si aucuns en sont dûs, *b* à cause de l'Arriere-Fief qui leur appartient.

Cet Article étoit le 17.

a Et l'ayant faite, ils ne sont pas obligés de la réiterer à leur Seigneur immédiat, dans les Coutumes qui n'en disposent point au contraire.

b Mais ils ne sont pas obligés de lui bailler un dénombrement, au moins dans les Coutumes qui n'y obligent pas.

ARTICLE LVI.

Si au cas de la saisie ou du relief, le Seigneur est obligé de prendre le loyer dû par le Fermier.

Le Seigneur féodal qui met en sa main, par faute d'homme, droits & devoirs non faits[a], le Fief tenu *& mouvant* de lui, qui de bonne foi & sans fraude, *a* a été baillé à loyer, ou moisson, par son Vassal en tout ou partie, doit se contenter de la redevance dûe par le Fermier ou Prêneur, *b* pour ce qui est baillé à ferme, & pour le surplus, le peut exploiter par ses mains, en rendant les labours, semences & frais, de ce qu'il exploite, ou met en ses mains.

Cet Article & le 58. sont au lieu des 38. & 40. changés.

a Car s'il y avoit de la fraude entre le Fermier & le Vassal, le Seigneur pourroit exploiter le Fief, nonobstant le bail.

b Par l'ancienne Coutume, art. 38. le Seigneur pouvoit prendre les gagnages de la terre, en rendant les frais des labours au Fermier; mais cette disposition a été changée par cet Article, parce que cela pouvoit causer un préjudice notable au Fermier, de ce que le Seigneur pouvoit choisir ou la redevance, ou les fruits: car l'année étant fertile, c'étoit prendre la graisse de plusieurs années.

ARTICLE LVII.

L'Article precedent s'entend de la saisie & du relief.

La Coutume dessusdite a lieu, quand le Seigneur féodal veut avoir le revenu d'un an pour son droit de relief.

C'étoit le trente-neuviéme Article.

ARTICLE LVIII.

De l'exploitation du Fief par le Seigneur, au cas que le Vassal le tienne par ses mains, ou qu'il ne consiste qu'en une maison.

Si le Vassal tient en ses mains son Fief, & ne l'a baillé à ferme ou moisson, & il est exploité par le Seigneur dominant, ledit seigneur dominant doit avoir les Caves, Greniers, Granges, Etables, Pressoirs & Celiers, qui sont au principal manoir & basse-Court, servant pour recuëillir & garder les fruits, & aussi portion du logis pour se loger, quand il y voudra aller, pour cueillir & conserver les fruits, sans toutefois déloger son Vassal, femme, enfans & famille y demeurans & habitans: *a* Et si le Fief consiste en une maison seule, *b* si elle est loüée par le Vassal, se doit le Seigneur contenter du louage; & si elle n'est loüée, il prendra le loyer au dire de gens à ce connoissans.

Cet Article, & le 46. sont au lieu des 38. & 40. changés.

a Que si le logis n'est pas suffisant, le Vassal n'est pas obligé de payer l'estimation du loyer au Seigneur; recours à mon Commentaire.

b Soit qu'elle soit située dans une Ville ou dehors. *Idem*, si c'est un Château.

ARTICLE LIX.

Du Fief baillé à rente sans démission de foi.

Et si le Vassal avoit baillé son Fief [a] à rente, sans démission de foi, & le Seigneur le met en sa main par faute d'homme, droits & devoirs non faits, s'il y a des Terres emblavées, ledit Seigneur peut, si bon lui semble, prendre les gagnages de ladite Terre, en rendant les feurs, labours & semences; & n'est tenu ledit Seigneur se contenter de prendre la rente, pourvû qu'elle ne soit infeodée. [b]

Cet Article étoit le cinquantiéme.

a Cet Article a été ainsi laissé mal-à-propos à la réformation de la Coutume ; car on ne peut pas donner tout son Fief à rente, suivant l'art. 51. c'est pourquoi il faudroit lire, *une partie de son Fief non excedant les deux tiers.*

b L'inféodation se fait par un exprès consentement du Seigneur quand il consent à la rente, ou tacitement, quand il reçoit la rente dans l'aveu & dénombrement baillé par son Vassal.

Voyez les Articles 28, 52, & 56.

ARTICLE LX.

De la réception par main souveraine.

Quand entre plusieurs Seigneurs est question d'aucun Fief, que chacun d'iceux Seigneurs dit être mouvant de lui, le Vassal en doit être reçû par main souveraine, *a* & jouir pendant le Procès, en consignant par lui en Justice les droits & devoirs par lui dûs, à cause d'icelui Fief. *b Et après le Procès terminé, est tenu le Vassal faire & porter la foi à celui qui au-*

ra obtenu, quarante jours après, la signification à lui faite de la Sentence, c ou Arrêt.

Cet Article étoit le 42.

a En vertu de Lettres de Chancellerie, entherinées par le Juge Royal.

b C'est-à-dire, consignant les droits pecuniaires, si aucuns sont dûs, & offrant de faire les devoirs à celui qui obtiendra gain de cause, pour la mouvance de son Fief.

c Dont il n'y aura point eu d'appel.

ARTICLE LXI.

Quand le Vassal dort, le Seigneur veille, ou au contraire.

Tant que le Vassal dort, le Seigneur veille, & tant que le Seigneur dort, le Vassal veille.

Cet Article étoit le 43.

ARTICLE LXII.

Les fruits du Fief saisi n'appartiennent au Seigneur que par la saisie.

C'est-à-dire, que le Seigneur

ne fait les fruits siens, par avant qu'il ait saisi, a *& après la saisie, les fruits sont siens, jusqu'à ce que le Vassal ait fait son devoir, en renouvellant toutefois par le Seigneur la saisie de trois ans en trois ans, comme dessus est dit.* b

a A moins que ce ne fût l'heritier du Seigneur qui auroit saisi, lequel pourroit se servir de la saisie faite par le défunt, sans être obligé de la renouveller, sinon après trois ans. *Secus* du Successeur à titre particulier, lequel ne se peut servir de la saisie faite par son Auteur.

b Voyez l'Article 31.

ARTICLE LXIII.

Comment se fait la foi & hommage, & en quel lieu.

Le Vassal, pour faire la foi & hommage, & ses offres à son Seigneur féodal, est tenu aller vers ledit Seigneur au lieu dont est tenu & mouvant ledit Fief, & y étant, demander si le Seigneur eſt au lieu, ou s'il y a autre, [a] pour lui ayant charge de recevoir les foi & hommage, & offres. Et ce faiſant doit mettre un genoüil en terre, tête nûë, ſans épée & éperons, & dire qu'il lui porte, & fait la foi & hommage qu'il eſt tenu faire à cauſe dudit Fief mouvant de lui; & déclarer à quel titre ledit Fief lui eſt avenu, le requerant qu'il lui plaiſe le recevoir. Et où le Seigneur ne ſeroit trouvé, ou autre ayant pouvoir pour lui, ſuffit faire foi & hommage, & offres devant la principale Porte du Manoir, [b] après avoir appellé à haute voix le Seigneur par trois fois. Et s'il n'y a manoir au lieu Seigneurial dont dépend ledit Fief, & en cas d'abſence dudit Seigneur, ou ſes Officiers, faut notifier leſdites offres au prochain voiſin dudit lieu Seigneurial, & laiſſer copie. [c]

Cet Article étoit le 45. changé.

a Pourvû que ce ne ſoit pas une perſonne vile.

b Et l'ayant faite, il n'eſt pas obligé de la réiterer.

c Tant de la foi & hommage faite devant la porte, que des offres, ſur peine de nullité; le Vaſſal doit auſſi laiſſer copie de l'Acte de foi & hommage, faite au Seigneur en perſonne, ſur peine de nullité.

Voyez l'Article ſuivant.

ARTICLE LXIV.

Suite du précedent.

Ledit Seigneur féodal n'eſt tenu recevoir la foi de ſon Vaſſal en autre lieu, que celui du Fief, ſi bon ne lui ſemble. a

a Ni le Vaſſal, s'il n'y conſent.

ARTICLE LXV.

Que doit faire le nouveau Seigneur, avant que de ſaiſir.

Quand un Fief vient de nouvel par ſucceſſion, acquiſition, ou autrement, à aucune perſonne, le nouveau Seigneur ne peut empêcher, ni mettre en ſa main les Fiefs qui ſont tenus de lui, [a] juſqu'à ce qu'il ait fait faire les proclamations & ſignifications que ſes Vaſſaux lui viennent faire la foi & hommage dedans quarante jours; [b] & ce fait leſdits quaran- jours paſſés, ſi leſdits Vaſſaux ne ſe préſentent, il peut ſaiſir & exploiter les Fiefs tenus & mouvans de lui, & faire les fruits ſiens; pourvû toutefois que ladite proclamation & ſignification ait été faite, c'eſt à ſçavoir quant aux Fiefs étant ès *Duchés*, Comtés, Baronies, & Châtellenies dont ils ſont mouvans, par proclamations à ſon de trompe & cri public, par trois jours de Dimanches, ou de marché, ſi marché y a: Et quant aux Fiefs étant hors deſdits *Duchés*, Comtés, Baronies, & Châtellenies, dont ils ſont mouvans, par ſignification faite au Vaſſal, à ſa perſonne, ou au lieu du Fief, s'il y a manoir, ou au Procureur dudit Vassal, si aucun y a; sinon au Prône de l'Eglise Parroissiale dudit lieu, en jour du Dimanche, ou autre jour solemnel.

Cet Article étoit le 47.

a Ce qui se doit entendre des Fiefs, dont les Proprietaires ont déja fait la foi & hommage à l'ancien Seigneur; car le nouveau Seigneur a droit de saisir les Fiefs ouverts de ses Vassaux, sans observer les formalités requises par cet Article.

b En sorte qu'un nouveau Seigneur ne peut pas se servir de celles qui auroient été faites par son Prédecesseur dans le Fief, auquel il auroit succedé à titre universel.

ARTICLE LXVI.

Que doit l'ancien Vassal au nouveau Seigneur.

L'ancien Vassal *a* ne doit que la bouche, & les mains à son nouveau Seigneur.

Cet Article étoit le 48.

a C'est-à-dire, celui qui a été reçû en foi, par l'ancien Seigneur. Voyez l'Article 65.

ARTICLE LXVII.

De l'hommage par Procureur.

Le Seigneur féodal n'est tenu, si bon ne lui semble, de recevoir la foi & hommage de son Vassal, s'il n'est en personne; si ledit Vassal n'a excuse suffisante. *Auquel cas d'excuse suffisante est tenu le recevoir par Procureur, si mieux n'aime ledit Seigneur bailler souffrance, & attendre que l'excuse cesse.* a

Cet Article étoit le 49.

a Et ayant une fois donné souffrance, il ne peut pas contraindre son Vassal de lui prêter la foi, même par Procureur, tant que la cause dure, par la raison de l'Article 42.

Voyez l'Article 41. touchant la souffrance des Mineurs.

ARTICLE LXVIII.

Du Franc-Aleu.

Franc-Aleu auquel y a Justice, Censive, ou [a] Fief mouvant de lui, se partit comme Fief noble; [b] mais où il n'y a Fief mouvant de lui, Justice ou Censive, il se partit roturierement.

Cet Article étoit le 46.

a Ainsi il suffit, pour rendre un franc-aleu noble, qu'il y ait une Justice annexée, ou qu'il y ait Fiefs en dépendans, & des heritages qui en soient tenus à cens ou censive.

b Ce terme *noble*, semble inutil, parce que tout Fief est noble; mais il est mis en cet Article, pour faire voir qu'un Fief qui est noble de soi, ne peut pas dépendre d'un roture: Ainsi tel franc-aleu est partageable comme Fief, suivant l'Article 13. & suivans.

ARTICLE LXIX.

Si le Seigneur Haut-Justicier peut avoir Colombier.

Le Seigneur Haut-Justicier qui

a censive, peut avoir Colombier à pied, ayant boulins jusqu'au rez de chaussée.

ARTICLE LXX.

Comment le Seigneur, non Haut-Justicier, peut avoir Colombier.

Aussi le Seigneur non Haut-Justicier, ayant Fief, Censive, & Terres en Domaine, jusqu'à cinquante arpens, a *peut avoir Colombier à pied.*

a De quelque qualité qu'elles soient, Prés, Vignes, Bois, Etangs, ou autres.

ARTICLE LXXI.

Titre pour Four ou Moulin bannal, ou pour corvées.

Nul Seigneur ne peut contraindre ses sujets d'aller au Four, ou Moulin, qu'il pretend bannal, ou faire corvées, s'il n'en a titre vala-

ble, ou aveu & dénombrement ancien; & n'est réputé titre valable, s'il n'est auparavant vingt-cinq ans. a

a Cela s'entend dès vingt-cinq ans, avant la réformation de la Coutume.

ARTICLE LXXII.

Quand Moulin à Vent peut être dit bannal.

Le Moulin à Vent ne peut être bannal, ni sous prétexte de ce, les Meûniers voisins empêchez de chasser, s'il n'y a titre ou reconnoissance par écrit, a *comme dessus.*

a Avec la possession, parce qu'un titre n'est rien sans la possession, puisque la prescription est reçûe contre un titre sans possession, par trente ans, suivant l'Article 186.

TITRE II.

Des Censives & Droits Seigneuriaux.

ARTICLE LXXIII.

Le Seigneur censier peut poursuivre l'Acquereur pour exhiber ses Lettres, & payer lots & ventes.

IL est loisible à un Seigneur foncier, ou censier, de poursuivre l'Acquereur, *a* nouvel Détempteur d'aucun heritage, étant en sa censive, ou Seigneurie fonciere, *b* afin d'apporter & exhiber les Lettres d'acquisition d'icelui heritage, si aucunes y en a, *c* pour être payé des droits de vente, *d* saisine *e* & amendes. *f*

C'étoit le 51.

a Soit par vente, par donation, ou autre

autre titre d'acquiſion, parce qu'il a interêt d'être informé du titre d'acquiſition.

b Ces termes ſont ſinonimes en ce lieu, parce que dans cette Coutume celui qui a cenſive, a Seigneurie fonciere.

c *Si aucunes y a*, ces termes doivent être rayés; voyez la note ſur l'Art. 20. *in fine.*

d Voyez les Art. 76, 78, 80, 81, 83, & 87.

e Voyez l'Art. 82.

f Voyez l'Art. 77.

ARTICLE LXXIV.

Arrêt, ou brandon pour arrerages de cens.

Un Seigneur cenſier peut proceder, ou faire proceder par voye d'Arrêt ou brandon, ſur les fruits pendans en l'heritage, *a* à lui redevable d'aucuns cens, ou fonds de terre, *b* pour les arrerages qui ſont dûs.

Cet Article étoit le 52.

a Et non quand ils en ſont ſeparés; quoiqu'encore ſur le champ, Art. 92.

E

b Cens & fonds de terre signifient la même chose en cet Article, & en l'Art. 121. car quelquefois fonds de terre se prend pour le surcens, ou la rente fonciere non rachetable.

ARTICLE LXXV.

Main-levée en consignant trois années.

Si le Proprietaire saisi s'oppose à la saisie, il doit avoir main-levée par provision, en consignant trois années. a

Cet Article a été ajoûté sur l'Ordonnance du mois de Novembre 1563.

a Au cas que la saisie soit faite pour trois années, ou pour plus: la main-levée accordée par ce moyen n'est que provisionnelle; c'est-à-dire, qu'elle ne préjudicie point à l'action que le Seigneur a pour poursuivre jusqu'à vingt-neuf années d'arrerages, si tant en est dû.

ARTICLE LXXVI.

Ventes, *quid ?*

Les droits de ventes *a* dûs au

Seigneur censier, sont de douze deniers un denier, *b* qui est pour chacun franc seize deniers parisis.

C'étoit le 53.

a Quand elles sont dûës; voyez les Articles 78, 83, 84, & 87.

b Qui se paye par l'Acquereur.

ARTICLE LXXVII.

Amendes pour ventes recellées.

Pour ventes recellées, & non notifiées au Seigneur censier, dedans vingt jours de l'acquisition, est dû un écu, & un quart d'écu d'amende. *a*

Cet Article étoit le 54. changé.

a Cette amende ne peut être moderée par le Juge. Mais il n'est point dû d'amende pour ne les payer pas, quand la vente est notifiée par l'exhibition du Contrat, le Seigneur n'ayant que l'action pour les poursuivre, par l'Art. 81.

ARTICLE LXXVIII.

Ventes dûës pour vendition, ou bail à rente rachetable.

Si aucun achete à prix d'argent, *ou prend à rente rachetable*, a heritage étant en la censive d'un Seigneur censier, ou foncier, tel Acheteur dudit heritage, *ou Preneur à rente*, est tenu payer au Seigneur censier, ou foncier, les ventes dudit achat, *ou sort principal* de la rente, encore qu'elle ne soit rachetée.

Cet Article est au lieu du 55. changé.

a Mais pour rentes constituées à prix d'argent sur les heritages, n'est dû aucun droit au Seigneur, soit pour la constitution, ou rachat desdites rentes, suivant l'Article 58. mis à l'ancienne Coutume par Arrest de la Cour le 20 Mai 1557. au lieu des 58, 59, 60, & 61. par lesquels les droits de lots & ventes étoient dûs pour rentes constituées sur les maisons & heritages tenus à cens, & cet Arrêt a été étendu aux autres Coutumes, qui portent, que les droits sont dûs pour constitution de rente.

Voyez les Art. 23. & 83.

ARTICLE LXXIX.

Le Seigneur a le choix des ventes du Contrat, ou du decret sur le déguerpissement.

Si l'Acheteur d'un heritage est contraint de déguerpir & delaisser l'heritage pour les dettes de son Vendeur, & en ce faisant, il se vend & adjuge par decret a à la poursuite des Créanciers, ledit Acquereur succede au droit du Seigneur, pour avoir & prendre à son profit les ventes dudit decret, telles qu'eût pris ledit Seigneur; ou est au choix dudit Seigneur de les prendre, en rendant celles qu'il a reçûës de l'acquisition premiere.

a Voyez l'Article 84.

ARTICLE LXXX.

Si pour licitation d'heritage entre Coheritiers, sont dûs droits au Seigneur.

Si l'heritage ne se peut partir entre Coheritiers, a *& se licite par Justice sans fraude,* b *ne sont dûës aucunes ventes pour l'adjudication faite à un d'eux. Mais s'il est adjugé à un étranger, l'Acquereur doit ventes.*

a *Quid* entre Coproprietaires ; recours à mon Commentaire.

b *Secus*, si la licitation étoit frauduleuse, comme si la chose se pouvoit commodement partager.

ARTICLE LXXXI.

Simple action pour vente & amende.

Les ventes & amendes se poursuivent par action a *seulement.*

a Secus, des profits féodaux, lesquels se poursuivent par saisie, Art. 24. recours à mon Commentaire sur l'Art. 24.

ARTICLE LXXXII.

Si on doit prendre saisine, & combien on paye.

Ne prend saisine qui ne veut; *a* *mais si on prend saisine, sera payé douze deniers parisis pour la saisine.* b

Cet Article est au lieu des 55. & 56.

a De sorte que l'Acquereur n'en a pas moins la proprieté & la possession; & s'il a acquis *à non domino*, il en a la possession, & par conséquent aussi le droit de prescrire.

b L'effet de la saisine est que l'an du retrait ne court que du jour qu'elle est prise, Art. 130.

ARTICLE LXXXIII.

Quints, ou ventes dûs pour vente, ou pour decret, à la charge de rente rachetable.

Pour heritages vendus ou adjugés par decret, *a* à la charge de rente rachetable, soit que ledit heritage soit fief ou roture, est dû au Seigneur de Fief le quint denier *b* du prix. Et au Censier le droit de ventes, tant pour le prix contenu ès Contrats, ou Decret, *c* que pour le sort pricipal desdites rentes, encore que lesdites rentes ne soient lors rachetées.

Cet Article a été mis au lieu des 58, 59, 60, & 61.

a Volontaire, & non forcé.

b Article 23 & 78.

c Dont le Seigneur a le choix. Voyez l'Article suivant *in fine*, & le 79.

ARTICLE LXXXIV.

Est dû un seul droit de quint, ou de ventes pour Contrat d'acquisition, & Decret purgeant les hypotheques.

Si aucun achete un heritage, à la charge qu'il sera adjugé par Decret, ou bien si l'Acheteur, pour purger les hypotheques, le fait decreter, & tel Acheteur est Adjudicataire, *a* n'est dû qu'un seul droit de quint, ou vente, tant pour le Contrat d'acquisition, que le Decret. Est toutefois au choix du Seigneur de prendre lesdits quints ou ventes, selon le prix dudit Contrat ou decret.

Cet Article est au lieu des 58. &c. comme le précedent.

a *Secus*, si l'heritage n'est pas adjugé à l'Acquereur par sa faute : car pour lors doubles droits sont dûs au Seigneur.

ARTICLE LXXXV.

S'il y a amende pour cens non payé.

Toutes personnes tenans leurs maisons & heritages en censive, sont tenus de payer les droits de cens au Seigneur, dont les heritages sont tenus & mouvans, au lieu & jour que dûs sont, sur peine de cinq sols parisis d'amende, *a* fors & excepté des heritages assis en la Ville & Banlieuë de Paris, qui ne doivent aucune amende par faute dudit cens non payé : Si à ladite amende payer les Détempteurs d'iceux ne sont expressement obligés. *b*

Cet Article étoit le 62.

a Cette amende est domaniale, & non penale, ainsi elle n'est dûë qu'une fois pour plusieurs années.

b Ou leurs Prédecesseurs, lesquels auroient acquis l'heritage à cette charge envers le Seigneur.

ARTICLE LXXXVI.

De la simple gagerie pour le cens en la Ville & Banlieuë de Paris.

Il est loisible à un Seigneur censier en la Ville & Banlieuë de Paris, en défaut de payement des droits de cens, dont sont chargés les heritages tenus en sa censive, de proceder par voye de simple gagerie *a* sur les biens étant ès maiſons, pour trois années [b] d'arrerages dudit cens & au deſſous. *Et eſt entendu ſimple gagerie, quand il n'y a tranſport de biens.*

Cet Article étoit le 63.

a Voyez les Articles 161. & 163.

b Et non pour plus, parce que le ſaiſi obtient main-levée par proviſion, en conſignant trois années du cens par l'Art. 75. mais le Seigneur a l'action pour ſe faire payer tous les arrerages dûs juſqu'à vingt-neuf ans.

ARTICLE LXXXVII.

Si les ventes ſont dûës pour rentes foncieres non rachetables.

De toutes rentes foncieres non rachetables, venduës à autres, ou délaiſſées par rachat depuis le premier bail, ſont dûës ventes, [a] *eu égard au prix de la vente ou rachat d'icelle rente, tout ainſi que ſi l'heritage ou partie d'icelui étoit vendu.* b.

a Mais pour le bail à rente fonciere n'eſt rien dû au Seigneur.

Ainsi la rente fonciere étant venduë, est sujette à retrait. Voyez l'Art. 137. & la note, Lettre C.

b De sorte que le Seigneur prend les ventes, soit de la vente de l'heritage baillé à rente non rachetable, ou de la vente de la rente.

TITRE III.

Quels Biens sont Meubles, & quels Immeubles.

Ce Titre a été ajoûté tout entier à la réformation de la Coutume.

ARTICLE LXXXVIII.

Division des biens.

EN la Prevôté & Vicomté de Paris, il y a deux sortes & especes de biens seulement; c'est à sçavoir meubles & immeubles. a

a Les actions, & droits incorporels, se réduisent à l'une de ces deux especes. Voyez les Articles 89, 94, & 95.

ARTICLE LXXXIX.

Cedules & Obligations, de quelle espece ?

Cedules & Obligations faites pour sommes de deniers & marchandises, ou autres choses mobiliaires, sont censées & réputées meubles. a

a Toutefois elles ne sont pas comprises sous un legs de meubles.
Voyez les Articles suivans.

ARTICLE XC.

Ustancilles d'Hôtel, Moulins & Pressoirs, de quelle espece ?

Ustancilles d'Hôtel qui se peuvent transporter sans fraction & déterioration, sont aussi réputés meubles; mais s'ils tiennent à fer & à cloud, ou sont scellés en plâtre, & sont mis pour perpetuelle demeure, a *& ne peuvent être transportés sans fraction & déteriora-*

tion, sont censés & réputés immeubles, comme un Moulin à vent & à eau, b Pressoir édifié en une maison, sont réputés immeubles, quand ne peuvent être ôtés sans dépecer ou désassembler, autrement sont réputés meubles.

a *Secus*, quand ils y sont mis par l'Usufruitier, ou par le Locataire, en sorte qu'ils peuvent les en tirer quand ils veulent.

b *Secus*, des Moulins sur Batteaux, quoiqu'ils se décretent comme immeubles, en sorte qu'ils appartiennent à l'heritier mobilier, & qu'ils n'ont suite par hypotheque entre les Créanciers.

ARTICLE XCI.

Si le Poisson est meuble, ou immeuble.

Poisson étant en Etang, ou en fosse, est réputé immeuble; mais quand il est en boutique, ou réservoir, est réputé meuble. a

a Par même raison, les Pigeons en

Colombier, ſont immeubles, & ceux qui ſont en volet, ſont meubles.

Voyez l'Article ſuivant.

ARTICLE XCII.

De quelle eſpece ſont les Bois, le Foin & le Grain.

Bois coupé, a *Bled, Foin, ou Grain ſoyé, ou fauché, ſuppoſé qu'il ſoit encore ſur le champ, & non tranſporté, eſt réputé meuble; mais quand il eſt ſur le pied, & pendant par racine, eſt réputé immeuble.* b

a Toutefois les Bois de haute futaye appartenans à un des Conjoints, quoique coupés, ſont réputés immeubles, à l'effet de n'entrer pas dans la communauté, & d'en être repriſe l'eſtimation ſur la communauté après la diſſolution, ſuivant l'Art. 132.

b Ainſi ils peuvent être ſaiſis par voye d'Arrêt, ou brandon, Art. 74. & ils appartiennent au Proprietaire, avenant l'extinction de l'Uſufruitier, Art. 231.

ARTICLE XCIII.

Meubles réputés immeubles par destination.

Somme de deniers donnée par pere & mere, ayeul ou ayeule, ou autres ascendans à leurs enfans, en contemplation de mariage, pour être employée en achat d'heritages, encore qu'elle n'ait été employée, est réputée immeuble, a *à cause de la destination.*

a Pour empêcher qu'elle n'entre dans la communauté, ainsi elle se prend hors part sur les biens de la communauté ; recours à mon Commentaire pour la stipulation des deniers en propres.

ARTICLE XCIV.

De quelle espece sont les rentes des Majeurs, ou des Mineurs.

Rentes constituées *à prix d'argent*, sont réputées immeubles, *a* jusqu'à ce qu'elles soient rachetées :

tées : *Toutefois au cas que celles qui appartiennent à Mineurs, ſoient rachetées pendant leur minorité, les deniers du rachat, ou le remploi d'iceux en autres rentes, ou heritages, ſont cenſés de même nature & qualité d'immeubles, qu'étoient les rentes ainſi rachetées, pour retourner aux parens du côté & ligne, dont leſdites rentes étoient procedées.* b.

Cet Article eſt au lieu du 57. changé.

a Les rentes ſont réputées meubles ou immeubles, ſelon la Coutume du domicile du Créancier.

Neanmoins elles ne ſont point ſujettes au retrait.

b Parce que celles qui leur ſont échûës par ſucceſſion de pere & mere, comme étant propres doivent ſuivre la regle *paterna paternis, materna maternis.*

ARTICLE XCV.

Si l'Office venale eſt meuble, ou immeuble.

Office venal eſt réputé immeu-

ble, a & a suite par hypotheque quand il est saisi sur le Debiteur par autorité de Justice, auparavant résignation admise, & provision faite au profit d'un tiers, & peut être crié & adjugé par decret. b Et toutefois les deniers provenans de l'adjudication sont sujets à contribution, comme meubles entre les Creanciers opppoſans, qui viennent pour ce regard à déconfiture au sol la livre. c

a Toutefois ils se reglent suivant la maxime *paterna paternis*, *&c.* ils ne sont pas neanmoins sujets au retrait, parce qu'ils ne sont immeubles & propres que par fiction & improprement.

Les Créanciers privilegiés, sçavoir ceux qui les ont vendus, & qui n'ont pas été entierement payez du prix de la vente; & ceux qui ont prêté leur argent pour leur acquisition, lesquels ne viennent point à contribution avec les autres.

b Voyez les Articles 350. & 351.

c Quoique le Débiteur ait des biens d'ailleurs pour satisfaire à ses Créanciers, en sorte que le premier Saisissant n'est pas préferé, & c'est une exception de l'Article 178.

Il faut dire le contraire des Offices qui sont du Domaine aliené, lesquels ont véritablement suite par hypotheque.

TITRE IV.

De complainte en cas de saisine & de nouvelleté, & simple saisine.

Ce Titre étoit le 3 auquel on a ajoûté ces mots, *& simple saisine.*

ARTICLE XCVI.

Quand on peut intenter la complainte.

QUand le Possesseur d'aucun heritage, ou droit réel réputé immeuble, est troublé & empêché en la possession & jouissance, il peut & lui loist soi complaindre & intenter pousuite en cas de saiſine & de nouvelleté dedans l'an & jour du trouble à lui fait, & donné audit heritage, ou droit réel, contre celui qui l'a troublé.

Cet Article étoit le 64.

Voyez l'Ordonnance de l'an 1667. au Titre des Complaintes.

ARTICLE XCVII.

Complainte n'a lieu pour meubles, ſi ce n'eſt pour univerſité mobiliaire.

Aucun n'eſt recevable de ſoi complaindre & intenter le cas de nouvelleté pour une choſe mobiliaire particuliere : *Mais bien pour univerſité de meuble, comme en ſucceſſion mobiliaire.*

Cet Article étoit le 65.

ARTICLE XCVIII.

De la ſimple ſaiſine.

Quand aucun a joui & poſſedé aucune rente, & icelle priſe &

perçûë ſur aucun heritage auparavant, & depuis dix ans, & par plus grande partie d'icelui tems, s'il eſt troublé & empêché en la poſſeſſion & jouiſſance d'icelle, il peut intenter & pourſuivre le cas de ſimple ſaiſine perſonnelle, contre celui ou ceux qui l'ont ainſi troublé, & requerir être remis en la poſſeſſion en laquelle il étoit auparavant ladite ceſſation.

Cet Article étoit le 73.

TITRE V.

Des actions perſonnelles, & d'hypotheque.

ARTICLE XCIX.

Comment les Poſſeſſeurs d'heritages ſe peuvent décharger des Charges reelles.

LEs Détempteurs & Proprietaires d'heritages chargés & redevevables de cens, rentes, [a] ou autres charges réelles & annuelles, ſont tenus perſonnellement de payer & acquitter icelles charges, à celui ou ceux à qui elles ſont dûës, & les arrerages échûs de leur tems, tant & ſi longuement que deſdits heritages, ou de partie & portion d'iceux, ils ſeront Détempteurs & Proprietaires. [b]

Cet Article étoit le 70.

a Rentes foncieres, & non pas des rentes conſtituées, deſquelles cet Article ne peut être entendu; voyez l'Article 102. qui parle du déguérpiſſement pour rente conſtituée.

b *Nota*, que les arrerages des rentes foncieres, & charges réelles, ſe doivent payer par le Poſſeſſeur de l'heritage qui en eſt chargé, ſans qu'il en ſoit déchargé par le déguerpiſſement, parce qu'ils ſont dûs par l'heritage, & à raiſon des fruits qui s'en perçoivent: *Secus*, des arrerages de la rente conſtituée, ſuivant l'Article 102. recours à mon Commentaire.

Voyez l'Article 100, 101, 102, 109, & 110.

ARTICLE C.

Comment les heritages ſont obligés aux Charges réelles.

Et s'entendent chargés & redevables, a quand leſdits heritages ſont ſpecialement obligés, ou qu'il y a generale obligation ſans ſpecialité, ou qu'il y a clauſe que la ſpeciale ne déroge à la generale, ni la generale à la ſpeciale; eſquels cas le Detempteur eſt tenu perſonnellement deſdits arrerages.

a Cet Article ſert d'interpretation au précedent; mais elle eſt abſurde, en ce qu'elle ne peut proprement s'entendre que des rentes conſtituées, & que l'Article précedent ne s'entend que des rentes foncieres.

ARTICLE CI.

A quoi ſont obligés les Proprietaires des heritages chargés de rentes, & comment ils s'en peuvent decharger.

Les Détempteurs & Proprietaires d'aucuns heritages obligés, ou hypothequés à aucunes rentes, ou autres charges réelles ou annuelles, sont tenus hypothecairement icelles payer, avec les arrerages qui en sont dûs ; à tout le moins sont tenus iceux heritages délaisser pour être saisis & adjugés par Decret au plus offrant & dernier encherisseur, à faute de payement des arrerages qui en sont dûs, *sans qu'il soit besoin de discussion*, a *& si la rente est fonciere, l'heritage doit être adjugé à la charge de la rente.*

Cet Article étoit le 71.

a Ce qui est un droit particulier contraire aux autres Coutumes ; recours à mon Commentaire. Et quand à la discussion, sçavoir, si elle doit être faite ou non, il faut suivre la Coutume où l'heritage est situé.

ARTICLE CII.

Du déguerpissement du tiers détempteur, pour rente constituée.

Quand un tiers détempteur

d'heritage est poursuivi pour raison d'une rente, *a* dont est chargé ledit heritage, qui lui a été vendu sans la charge de ladite rente, & dont il n'avoit eu connoissance auparavant ladite poursuite ; après qu'il a sommé son garand, ou celui qui lui a vendu & promis garantir ledit heritage, lequel lui défaut de garantie, ledit tiers détempteur ainsi poursuivi, auparavant contestation en cause, *b* peut renoncer audit heriage, *c* & en ce faisant, il n'est tenu de ladite rente & arrerages d'icelle, supposé même que les arrerages fussent, & soient échûs de son tems, & auparavant ladite renonciation. *d*

' Cet Article étoit le 72.

a Constituée *quod supplendum.*

b Pourvû qu'il n'ait usé de subterfuges pour éviter la contestation en cause, & jouir par ce moyen du fond, & en percevoir les fruits; car autrement il ne lui suffiroit pas de rendre le fond, mais il seroit obligé de restituer les fruits du jour que la cause auroit dû être contestée.

c Toutefois il peut, en y renonçant, user de retention pour les impences utiles & necessaires qu'il y auroit faites, à moins qu'il ne fût Possesseur de mauvaise foi.

d La raison est, que le déguerpissement éteint l'action hypothecaire, par laquelle le Possesseur de l'heritage hypothequé à une rente constituée, peut être poursuivi.

ARTICLE CIII.

Du déguerpissement après contestation en cause.

Et après contestation, tel Detempteur peut renoncer à l'heritage, a en payant les arrerages de son tems, jusqu'à la concurrence des fruits par lui perçûs, si mieux il n'aime rendre lesdits fruits.

a Cet Article ne s'entend que de la rente constituée, & non de la rente fonciere.

ARTICLE CIV.

Conteſtation en cauſe *quid ?*

Conteſtation en cauſe, eſt quand y a reglement ſur les demandes & deffenſes des Parties, a *ou bien quand le Deffendeur eſt deffaillant & debouté de deffenſes.* b

a *Idem*, par l'Ordonnance de 1667. Titre 13.

b Le débouté de deffenſes eſt abrogé par la même Ordonnance, Art. 2. Tit. 5.

ARTICLE CV.

De la compenſation.

Compenſation [a] a lieu d'une dette claire & liquide, à une autre pareillement claire & liquide, *b* & non autrement.

Cet Article étoit le 74.

a Elle ſe propoſe par forme d'exception, ſans Lettres Royaux.

b Il faut ajoûter, *& exigible du Débiteur*, c'eſt pourquoi il n'y a point de compensation avec le sort principal d'une rente, parce qu'il n'est pas exigible, même dans les Coutumes, où les rentes sont réputées meubles, quoique par le Contrat il fût permis au Créancier de contraindre le Débiteur au remboursement.

ARTICLE CVI.

De la réconvention.

Réconvention en Cour laye n'a lieu, a *si elle ne dépend de l'action, & que la demande en réconvention soit la défense contre l'action premierement intentée, & en ce cas le Deffendeur, par le moyen de ses deffenses, peut se constituer Demandeur.*

Cet Article étoit le 75.

a *Secus*, en Jurisdiction Ecclesiastique, parce qu'elle n'est point patrimoniale, ni hereditaire.

ARTICLE CVII.

Si Cedule privée emporte hypotheque.

Cedule privée, qui porte promesse de payer, emporte hypotheque du jour de la confession ou reconnoissance d'icelle faite en Jugement, *ou pardevant Notaires, ou que par Jugement* a *elle soit tenuë pour confessée, ou du jour de la denegation, en cas que par après elle soit verifiée.*

C'étoit le 78.

a Quoique par deffaut, pourvû que ce soit un Jugement du Juge seculier, on du Juge Ecclesiastique, lequel n'emporte point hypotheque.

ARTICLE CVIII.

Transport ne saisit qu'après signification.

Un simple Transport ne saisit point, a *& faut signifier le Transport à la Partie, & en bailler copie,* b *auparavant que d'executer.*

a *Secus*, de la délegation.

b Et jusqu'à ce la dette peut être saisie par les Créanciers du Créancier entre les mains du Débiteur.

ARTICLE CIX.

Si le Preneur à cens ou à rentes foncieres, peut déguerpir, comment.

Si aucun a pris un heritage à cens ou rente à certain prix par chacun an, il y peut renoncer en Jugement, Partie présente, ou appellée, en payant tous les arrerages du passé, & le terme ensuivant. Jaçoit que par Lettre il eût promis payer ladite rente, & obligé tous ses biens. Et s'entend telle promesse, tant qu'il est Proprietaire : sinon que par Lettres d'accensement il eût promis mettre aucun amendement, [a] ce qu'il n'eût fait ; ou qu'il eût promis fournir, & faire valoir ladite rente, & à ce obligé tous ses biens, [b] en laissant toutefois l'heritage en aussi bon état & valeur qu'il étoit au tems de la prise.

Cet Article étoit le 191.

a Dans ces deux cas le Preneur est obligé à l'exécution des clauses portées par le Contrat, parce qu'il est personnellement obligé, quoiqu'il justifiât que les fruits de l'heritage ne suffiroient point pour cet effet, contre l'opinion de Maître Charles du Moulin.

b On peut ajoûter deux autres cas : le premier, quand le Preneur a promis *de maintenir l'heritage en bon & suffisant état, en sorte que la rente y puisse être prisée & perçûë par chacun an.* L'autre est quand le Preneur a renoncé au déguerpissement.

ARTICLE CX.

Comment l'Acquereur du Preneur à rente, peut déguerpir.

Celui qui n'est Preneur, mais est Acquereur du Preneur à la charge de la rente seulement, sans faire mention d'autres charges, comme de mettre amendement, fournir & faire valoir, & laisser l'heritage en bon état, il peut renoncer, pourvû qu'il n'ait promis expressément acquitter & garantir son Vendeur & Bailleur. a

a Il faut ajoûter : lequel se seroit obligé à fournir & faire valoir la rente, ou à mettre amendement.

ARTICLE CXI.

En quel cas le répit n'a lieu.

Un répit *a* ne doit avoir lieu contre le dû d'aucun adjugé par Sentence diffinitive & contradictoire, louage de maison, arrerages de rentes, moisson de Grain, & dettes de Mineurs contractées avec les Mineurs, ou leurs Tuteurs durant leur minorité.

Cet Article étoit le 170.

a Il s'obstient par Lettres Royaux enterinées par le Juge Royal, les Créanciers appellés. Voyez l'Ordonnance de l'an 1669. pour les répits.

ARTICLE CXII.

Du Privilege des Bourgeois de Paris.

Par Privilege notoire des Bourgeois

geois de Paris, en matiere civile, a *ne peuvent être les Bourgeois de ladite Ville contraints plaider, ne répondre en deffendant,* b *ailleurs qu'en la Ville de Paris, pour quelque cause & privilege que ce soit.*

a *Idem*; en matiere criminelle, quand le Bourgeois est accusé, suivant le Procès-verbal.

b *Secus*, en demandant; & en matiere réelle, suivant la plus commune opinion.

TITRE VI.

De Prescription.

ARTICLE CXIII.

De la prescription d'un heritage, ou d'une rente fonciere, par 10. ou 20. ans.

SI aucun a joui & possedé heritage, *ou rente*, *a* à juste titre & de bonne foi, tant par lui, que par ses Prédecesseurs, *b* dont il a le droit & cause, franchement & sans inquiétation, *c* par dix ans entre présens, & vingt ans entre absens, âgés & non privilegiés, *d* il acquiert prescription dudit heritage, *ou rente.*

Cet Article étoit le *66.* changé.

a Fonciere, & non pas constituée.

b Ce qui se doit entendre au cas que le Possesseur à titre particulier veuille se servir de la possession de ses Prédecesseurs; car autrement il peut commencer, & achever la prescription *ex sua persona*; recours à mon Commentaire.

c La simple dénonciation ne suffit pas pour causer l'interruption, quoique nous ayons un Arrêt qui ait jugé le contraire.

d Comme sont les Eglises, le Domaine, & les femmes mariées.

Voyez les Articles suivans.

ARTICLE CXIV.

De la prescription d'une rente fonciere ou constituée, ou d'un hypotheque.

Quand aucun a possedé & joui

par lui, & ses Prédecesseurs, desquels il a le droit & cause d'heritage, *ou rente* à juste titre, & de bonne foi, par dix ans entre présens, & vingt ans entre absens, âgés & non privilegiés, franchement & paisiblement, sans inquiétation d'aucune rente ou hypotheque : tel Possesseur dudit heritage, *ou rente*, a acquis prescription contre toutes rentes, ou hypotheques *pretenduës sur ledit heritage, ou rente* a.

Cet Article étoit le 67.

a Ainsi la rente fonciere se peut prescrire, quoique le cens soit imprescriptible.

ARTICLE CXV.

Exception de l'Article précedent.

Et a lieu ladite prescription, suposé que ladite rente soit payée par celui qui l'a constituée, ou autre, au déçû du tiers détempteur. Toutefois si le Creancier de la rente a eu juste cause d'ignorer l'alienation, parce que le Debiteur de ladite rente seroit toujours demeuré en possession de l'heritage, par le moyen de location, retention d'usufruit, constitution de précaire, ou autres semblables, pendant ledit tems, la prescription n'a cours.

Voyez les deux Articles précedens.

ARTICLE CXVI.

De ceux qui sont réputés présens.

Sont reputés presens, ceux qui sont demeurans en la Ville, Prevôté & Vicomté de Paris. a

a D'où il s'ensuit, que si l'un est demeurant dans la Coutume de Paris, où l'heritage est situé, & que l'autre demeure dans une autre, ils seront réputés absens.

ARTICLE CXVII.

De la prescription contre le Doüaire.

En matiere de doüaire, a *la*

prescription commence à courir du jour du decès du mari seulement, [b] *entre âgés, & non privilegiés.*

[a] Voyez les Art. 249. & 255.

[b] Ainsi elle commence à courir contre les enfans majeurs du vivant de leur mere, au cas qu'ils renoncent à la succession de leur pere. Voyez les Art. 255. & 256.

ARTICLE CXVIII.

De la prescription par trente ans, sans titre.

Si aucun a joui, usé & possedé d'un heritage *ou rente, ou autre chose prescriptible*, par l'espace de trente ans continuellement, tant par lui que par ses Prédecesseurs, franchement, publiquement, & sans aucune inquiétation, supposé qu'il ne fasse apparoir de titre, [a] il a acquis prescription, [b] entre âgés, & non privilegiés.

Cet Article étoit le 68.

[a] *Secus*, pour le droit de servitude, Art. 186.

b Pourvû qu'il n'ait point commencé la possession de la chose par un titre contraire à la prescription, parce qu'on ne prescrit point contre son titre.

Voyez les Articles précedens.

ARTICLE CXIX.

Les Rentes constituées à prix d'argent sont rachetables à toujours.

Faculté de racheter rente constituée à prix d'argent, ne se peut prescrire par quelque laps de tems que ce soit ; mais sont telles rentes rachetables à toujours, encore qu'il y ait cent ans. a

a *Secus*, de la rente fonciere ; voyez l'Article suivant.

ARTICLE CXX.

Faculté de racheter l'heritage, ou rente fonciere, se prescrit par trente ans.

La faculté donnée par Contrat a *de racheter l'heritage, ou rente de bail d'heritage à toujours, se prescrit par trente ans entre âgés, & non privilegiés.*

a Parce que l'action qui en provient est personnelle, & comme telle, elle se prescrit par trente ans.

ARTICLE CXXI.

Exception de l'Article précedent.

Ce que dessus n'a lieu ès rentes de bail d'heritages sur Maisons assises en la Ville & Fauxbourgs de Paris, lesquelles rentes sont à toujours rachetables, si elles ne sont les premieres après le cens, & fonds de terre a.

a Voyez l'Article 74. & la note, lettre *b*.

ARTICLE CXXII.

Le rachat des Legs pitoyables sur Maisons de cette Ville, ne se peut prescrire.

Legs pitoyables de rente en de-

niers; Grains, ou autres especes sur une Maison de la Ville de Paris, & Fauxbourgs d'icelle, sont rachetables au denier vingt, sans que ledit rachat se puisse prescrire, a *ores qu'il fût dit par le Testateur non rachetable. En faisant toutesfois faire le remploi en autres heritages, ou autres rentes.* b

a Par privilege special accordé par les Rois de France.

b Par les Marguilliers & Habitans de la Paroisse, ou Chefs de Communauté & Administrateurs d'icelle.

Article CXXIII.

Si le Cens se prescrit.

Cens portant directe Seigneurie, est prescriptible par Seigneur contre Seigneur, a *& se peut prescrire par trente ans contre âgés, & non privilegiés:* b *& par quarante ans contre l'Eglise, s'il n'y a titre, ou reconnoissance dudit Cens; ou que le Détempteur ait* *acquis l'heritage, à la charge dudit Cens.* c

a *Secus*, par le sujet censier contre son Seigneur ; voyez l'Art. suivant & l'Art. 12.

b *Quid* de la prescription de la directe sur un Fief ? Voyez mon Traité des Fiefs sur cet Article.

c Toutefois quoique le Seigneur direct ait un titre pour justifier sa directe, ou que le Possesseur ait acquis l'heritage à la charge du cens, un autre Seigneur peut prescrire contre lui la directe par la perception du cens pendant trente ans, par l'Art. 118. ci-dessus.

ARTICLE CXXIV.

Si le droit, la quotité, & les arrerages du Cens se prescrivent.

Le droit de Cens ne se prescrit par le Détempteur de l'heritage contre le Seigneur censier, encores qu'il y ait cent ans, quand il y a titre ancien, ou reconnoissance faite dudit Cens. a *Mais se peut la quotité du Cens, & arrerages, pres-*

crire par trente ans entre âgés, & non privilegiés. b

a *Quid* quand celui qui se prétend Seigneur n'a point de titre, s'il peut obliger le Possesseur de l'heritage situé dans l'étenduë de sa Seigneurie, à le reconnoître pour son Seigneur censier. Voyez mon Commentaire, & mon Traité des Fiefs.

b Voyez l'Article 12. *in fine* 355. & 358.

ARTICLE CXXV.

Prescription annales contre les Medecins, Chirurgiens, & Apotiquaires.

Les Medecins, Chirurgiens, & Apotiquaires doivent intenter leurs actions dedans un an°, & après ledit an ne sont recevables. *a*

Cet Article, & les 126, 127, & 128, sont au lieu du dernier, quelques mots changés.

a L'usage est contraire; car ils peuvent intenter action pour leurs salaires;

mais après l'an ils sont obligés de s'en rapporter au serment de leurs Parties.

ARTICLE CXXVI.

Prescription de six mois.

Marchands, Gens de mêtier, & autres Vendeurs de marchandises, & denrées en détail, comme Boulangers, Pâtissiers, Coûturiers, Selliers, Bouchers, Bourreliers, Passementiers, Maréchaux, Rotisseurs, Cuisiniers, & autres semblables, ne peuvent faire action a *après les six mois passés du jour de la premiere délivrance de leurdite marchandise, ou denrée, sinon qu'il y eût arrêt de compte, sommation ou interpellation judiciairement faite, cedule ou obligation.*

a Voyez la note sur l'Article précedent.

ARTICLE CXXVII.

Prescription d'un an.

Drappiers, Merciers, Epiciers,

Orfévres, & autres Marchands grossiers, Massons, Charpentier, Couvreurs, Barbiers, Serviteurs, Laboureurs, & autres Mercenaires, ne peuvent faire action, ni demande de leur marchandise, salaires, & services, après un an passé, [a] à compter du jour de la délivrance de leur marchandise ou vacation, s'il n'y a cedule, obligation, arrêt de compte par écrit, ou interpellation judiciaire.

Cet Article a été mis au lieu du dernier.

[a] Voyez les deux Articles précedens, & la note.

ARTICLE CXXVIII.

Les Cabaretiers n'ont point d'action pour Vin vendu par assiette en leur Taverne.

N'ont les Taverniers & Cabaretiers aucune action a *pour Vin, ou autres choses par eux venduës en détail par assiette en leurs maisons.*

a Ensorte qu'ils ne sont pas recevables à déferer le serment à leurs Parties, *idque in odium* de telle créance.

TITRE VII.

De Retrait Lignager.

ARTICLE CXXIX.

Qui peut retraire, quoi, dans quel tems, & comment.

QUand aucun a vendu, *a* & transporté son propre heritage, *ou rente fonciere* à personne étrange de son lignage du côté & ligne dont ledit propre heritage, *ou rente fonciere* lui est venu, & échû par succession, *b* il est loisible au parent lignager dudit Vendeur, du côté & ligne *c* dont est venu & échû ledit heritage, *ou rente fon-*

ciere, de demander, & avoir par retrait lignager icelui heritage, *d ou rente*, dedans l'an & jour que l'Acheteur en a été ensaisiné, s'il est tenu en censive; ou qu'il a été reçû en foi & hommage, s'il est tenu en Fief, *e* en remboursant ledit Acheteur de son sort principal, *f* & loyaux coûts. *g*

Cet Article est au lieu des 172. & 174.

a Par Contrat volontaire, ou par decret, Art. 150. ou aliené par Acte équipollent à la vente. *Item*, pour échange au cas de l'Article 145.

b Directe, ou collaterale: ou par échange au lieu d'un autre heritage propre, Art. 143.

c Quoiqu'il ne soit pas descendu de celui qui a mis le premier l'heritage dans la famille, Art. 141. *in fine*.

Item, le Vendeur peut même user du retrait au cas de l'Art. 133.

d Quoique sujet à éviction, comme en l'Art. 148. les places publiques achetées du Roi.

e Article 130.

f Dans vingt-quatre heures après Sentence adjudicative du retrait, &c. Art. 136.

g Dont le remboursement ne se fait qu'après leur liquidation, & ils se poursuivent seulement par action.

Entre les loyaux coûts sont les frais du decret forcé ou volontaire.

ARTICLE CXXX.

Quand commence l'an du retrait.

Le tems de retrait lignager ne court, sinon depuis l'inféodation, ou saisine, *a* faits ou pris par l'Acheteur, *b* *& doit l'ajournement être fait, & l'assignation échoir dedans ledit an & jour de ladite infeodation, ou saisine.*

Cet Article étoit le 173.

a Voyez l'Art. 82. quand au franc-aleu, voyez l'Art. 132. & pour l'heritage acquis par le Seigneur, voyez l'Article 135.

b Ce qui a été introduit, afin que les Lignagers puissent avoir connoissance de la vente.

ARTICLE CXXXI.

Reſtitution déniée au Mineur contre la preſcription de l'an & jour.

L'an du retrait court, tant contre le Majeur, que contre le Mineur, a *ſans eſperance de reſtitution.*

a Si ce n'eſt quand le Tuteur eſt Acquereur ; car pour lors l'an & jour ne court pas contre le Mineur pendant la tutelle ; recours à mon Commentaire.

ARTICLE CXXXII.

De quel jour court l'an du retrait en Franc-Aleu.

L'an du retrait du propre heritage, tenu en Franc-Aleu, ne court que du jour que l'acquiſition a été publiée & inſinuée en Jugement au plus prochain Siége Royal. a

a Parce qu'en franc-aleu il n'y a ni ſaiſine,

ſaiſine, ni inféodation. *Idem*, au cas de l'Art. 135.

ARTICLE CXXXIII.

Cas auquel le premier Vendeur peut retraire.

Si aucune perſonne acquiert un heritage propre de ſon parent, du côté & ligne dont il eſt parent, & il vend ledit heritage, tel heritage chet en retrait; *auquel cas peut auſſi retraire le premier Vendeur, comme ne l'ayant au précedant mis hors la ligne.* a

Cet Article étoit le 175.

a Quoique le Vendeur l'eût vendu à un étranger, ſur lequel il eût été retiré par un Lignager, & depuis vendu à un étranger, parce que l'heritage retiré eſt propre au Retrayant, Art. 139.

ARTICLE CXXXIV.

Des fruits de l'heritage tombé en retrait.

En matiere de retrait ligna-

ger, sont dûs les fruits du jour de l'ajournement, [a] *& offre de bourse, deniers, loyaux coûts, & à parfaire.*

a Parce que le Retrayant est obligé d'avoir ses deniers tous prêts, pour faire le remboursement dès le jour qu'il est assigné en retrait.

Voyez l'Art. 136. *in fine.*

ARTICLE CXXXV.

Comment un Seigneur est réputé ensaisiné, ou infeodé.

Le Seigneur qui acquiert l'heritage, tenu de lui en censive, est réputé être infeodé, ou ensaisiné du jour de son acquisition publiée en Jugement, au plus prochain Siége Royal. [a]

a Parce que le Seigneur ne peut pas prendre saisine de lui-même, ni s'inféoder.

Voyez l'Art. 132. qui décide la même chose du franc-aleu.

ARTICLE CXXXVI.

Du remboursement du prix de la vente.

Le Retrayant, auquel l'hèritage est adjugé par retrait, est tenu de payer, & rembourser *a* l'Achèteur, des deniers qu'il a payés au Vendeur, pour l'achat dudit heritage, ou consigner les deniers au refus dudit Acheteur, *icelui dûement appellé à voir faire ladite consignation*, *b* & ce dans vingt-quatre heures, *c* après ledit retrait adjugé par Sentence, & que l'Acheteur aura mis ses Lettres au Greffe, Partie présente, ou appellée; & outre qu'il aura affirmé le prix, s'il en est requis, & s'il ne le fait, le tems passé, tel Retrayant est déchû dudit retrait. *d*

Cet Article étoit le 176.

a Sans qu'il puisse user de compensation : *Secus*, du retrait féodal.

b Que si les deniers consignés étoient

saisis par un Créancier du Retrayant, il seroit déchû du retrait.

c A moins qu'il n'y ait une cause publique qui l'empêche, comme une procession ou réjouissance publique : *Secus*, des loyaux coûts. Voyez l'Art. 129. & sa note lettre g.

Cette consignation n'est pas moins requise au retrait accordé, qu'au retrait adjugé.

d C'est pourquoi il gagne les fruits du jour de l'ajournement, Art. 134.

ARTICLE CXXXVII.

Du remboursement pour heritage baillé à rente rachetable.

L'heritage baillé à rente rachetable, est sujet à retrait dedans l'an & jour de la saisine ou inféodation, a *en remboursant celui à qui la rente est dûë,* b *ou consignant en son refus dedans les vingt-quatre heures, le sort principal de la rente,* c *& arrerages échûs depuis le jour de l'ajournement, après que l'Acquereur aura mis ses Lettres au Greffe, & affirmé le prix,* *comme dessus est dit ; & à faute de ce faire, le Retrayant est déchû du retrait.*

a Ou de la publication en Jugement au Siége Royal, au cas des Articles 132. & 135.

b Sans qu'il soit recevable à prendre l'heritage à la même rente, quoiqu'il offre même bonne & suffisante caution.

c *Secus*, de l'heritage baillé à rente non rachetable, lequel n'est point sujet au retrait. Mais le retrait a lieu au cas de la vente de cette rente, parce qu'elle représente le fond, par interpretation de l'Article 87. & par l'Article 129. qui déclare les rentes foncieres sujettes au retrait.

ARTICLE CXXXVIII.

Des arrerages de la rente, & des fruits de l'heritage baillé à rente.

Et quant aux arrerages échûs dedans l'an précedent l'ajournement, l'Acheteur les peut mettre en loyaux coûts, a *en rendant par lui les fruits qu'il auroit perçûs dedans ledit an.*

a Ou les retenir en se chargeant de payer les arrerages de la rente.

ARTICLE CXXXIX.

L'heritage retiré appartient à l'Heritier des propres.

L'heritage retiré par retrait lignager, est tellement affecté à la famille, que si le Retrayant *meurt,* a *délaissant un Heritier des acquêts, & un Heritier des propres, tel heritage doit appartenir à l'Heritier des propres de la ligne dont est venu & issu ledit heritage, & non à l'Heritier des acquêts, en rendant toutefois dedans l'an & jour du décès, aux Heritiers desdits acquêts, le prix dudit heritage.* b

a Mais s'il le vend, le Vendeur peut l'avoir par retrait, Art. 134.

b Parce que les deniers employés au retrait sont acquêts.

ARTICLE CXL.

Des offres du Retrayant, sur peine de décheance du retrait.

Quand le Lignager d'un Vendeur d'heritage a fait ajourner l'Acheteur d'icelui heritage, pour l'avoir par retrait, il convient que tel qui veut avoir ledit heritage par retrait, offre bourſe, deniers, loyaux coûts, & à parfaire, *tant par l'ajournement*, qu'à chacune journée de la cauſe *principale*, *juſqu'à conteſtation en cauſe incluſivement :* Et s'il ne le fait, il doit être débouté dudit retrait. *a*

a En ſorte que, quoique le Retrayant fût encore dans le tems du retrait, & que l'action en retrait n'eût point encore été intentée par un autre, il n'y ſeroit plus recevable.

Cet Article eſt au lieu du 177. quelques mots changés.

ARTICLE CXLI.

Le Lignager qui intente le premier l'action en retrait, est préferé aux autres.

Le Parent & Lignager, qui premier fait ajourner en retrait, doit être préferé à tous autres, posé qu'ils soient plus prochains Parens du Vendeur, *a encore que le Retrayant ne soit descendu de celui duquel vient ledit heritage.* b

Cet Article étoit le 178.

a La raison est, parce qu'il suffit d'être de la ligne, pour user du retrait, & qu'il y a quelque espece d'équité defavoriser le plus diligent. Il seroit même préferé aux enfans du Vendeur.

b Parce qu'il n'est pas necessaire d'être descendu de celui qui a mis l'heritage le premier dans la famille, pour succeder à un propre, par l'Art. 329.

ARTICLE CXLII.

Les Heritiers du Vendeur étant en ligne, peuvent retraire.

Les Heritiers dn Vendeur, après son trépas, peuvent retraire l'heritage propre par lui vendu, pourvû qu'ils soient du côté & ligne. a

a Parce qu'il suffit d'être parent de la ligne, & le fait du défunt n'empêche point que ses heritiers ne jouissent de l'avantage que la Loi donne aux parens lignagers du Vendeur, d'user du retrait sur les choses qu'il a venduës; puisqu'on ne regarde que la qualité de lignager en la personne du Retrayant. Mais le Vendeur ne peut retraire qu'au cas de l'Art. 33.

ARTICLE CXLIII.

Heritage pris en échange d'un propre, tombe en retrait, s'il est vendu.

Quand aucun a échangé son propre heritage à l'encontre d'un

autre heritage, ledit heritage est propre de celui qui l'a eu par échange, *a* & s'il le vend, il chet en retrait.

Cet Article étoit le 179.

a *Secus*, de l'heritage acheté des deniers provenans de la vente du prope, à moins que le Vendeur ne l'eût déclaré en faisant le remploi des deniers.

Voyez l'Article 145.

Article CXLIV.

Choses mobiliaires ne chéent en retrait. a

a Parce qu'elles ne sont point propres, & qu'elles appartiennent à l'heritier des meubles.

Article CXLV.

Si le retrait a lieu en échange.

En échange, s'il y a soulte excedant la valeur de la moitié, l'heritage est sujet à retrait pour portion de la soulte. a *Mais si la soulte est moindre que ladite moitié, n'y a lieu au retrait.*

a Toutefois l'Acquereur peut obliger le Retrayant d'executer le retrait pour le tout.

Voyez l'Article 143.

ARTICLE CXLVI.

On ne peut ameliorer, ou déteriorer le fond pendant l'an & jour.

Durant l'an & jour du retrait, l'Acheteur ne peut faire aucuns bâtimens, ne réparations, s'ils ne sont nécessaires; a *pareillement ne peut empirer l'heritage: Et s'il le fait, est tenu de le rétablir.*

a Et s'il en fait, quoiqu'utiles, à moins qu'elles ne soient pas considerables, il ne les peut pas coucher en loyaux coûts, mais il les peut ôter, sans diminution de la valeur du fonds, telle qu'elle étoit au tems de l'acquisition.

ARTICLE CXLVII.

Retrait n'a lieu en vente d'usufruit d'heritage propre.

Si aucun vend l'usufruit de son

propre heritage à personne étrange, ledit usufruit ne chet en retrait. *a*

Cet Article étoit le 181.

a Parce que l'usufruit n'est pas un propre, & il ne fait pas partie de la propriété, toutefois si l'usufruit & la propriété étoient vendus à la même personne en divers tems en fraude des Lignagers, ils seroient conjointement sujets au retrait.

ARTICLE CXLVIII.

Loges, Boutiques, Etaux, Places publiques achetées du Roi, & venans à succession, a *sont sujettes à retrait.*

a *Secus*, quand ils ne consistent que dans un usufruit borné à la personne du Preneur, suivant l'Art. 147.

Voyez l'Art. 149.

ARTICLE CXLIX.

Baux à quatre-vingt-dix-neuf ans, ou longues années, a *sont sujets à retrait.*

a Parce que c'eſt une alienation de la proprieté.

Secus, quand c'eſt à la vie du Preneur, Art. 147. *Idem*, Si le bail a été limité à la vie de lui & de ſes enfans, parce qu'il eſt en ce cas perſonnel.

ARTICLE CL.

Retrait a lieu en Decret de propre.

Propre heritage vendu par Decret *a* en Jugement par criées, & ſubhaſtations chet en retrait.

Cet Article étoit le 182.

a Soit forcé ou volontaire, parce que c'eſt une vente.

ARTICLE CLI.

Retrait a lieu en Decret fait ſur un Curateur aux biens vacans, &c.

Un heritage propre adjugé par Decret ſur un Curateur aux biens vacans, ou ſur l'heritier par bénéfice d'inventaire, a eſt ſujet à retrait.

a Mais cet heritier ne pourroit pas uſer du retrait parce qu'il eſt cenſé avoir vendu, ainſi il contreviendroit à ſon propre fait. Voyez l'Article ſuivant.

ARTICLE CLII.

Retrait n'a lieu au cas de cet Article.

Mais l'heritage d'acquêt d'un défunt adjugé ſur le Curateur aux biens dudit défunt ; n'eſt ſujet à retrait. a

a Parce que le Curateur aux biens vacans repréſente le défunt.
Voyez l'Article précedent.

ARTICLE CLIII.

Retrait n'a lieu au cas de cet Article.

L'heritage adjugé ſur un Curateur à la choſe abandonnée, a *n'eſt ſujet à retrait.* b

a Et déguerpie, à cauſe des charges réelles dont il eſt chargé.
b Parce que ce Curateur ne repréſente

point celui qui a déguerpi, puiſque la repréſentation n'a lieu que pour univerſité des biens; recours à mon Commentaire.

Voyez les deux Articles précedens.

ARTICLE CLIV.

Retrait n'a lieu au cas de cet Article.

Portion d'heritage venduë par licitation, qui ne ſe peut bailler par divis, eſt ſujette à retrait. a

a Cet Article n'eſt pas obſervé; car ſi un heritage appartient à pluſieurs heritiers de diverſes lignes, & que pour ne pouvoir être diviſé, il ſoit licité & adjugé à l'un d'entr'eux, le retrait n'a pas lieu pour la portion pour laquelle cet Adjudicataire eſt étranger; recours à mon Commentaire.

ARTICLE CLV.

Du Retrait, demi-denier.

Quand aucun heritage propre eſt acquis durant & conſtant le mariage de deux Conjoints, dont l'un d'iceux est parent lignager du Vendeur, du côté dont ledit heritage appartenoit audit Vendeur, tel heritage ainsi vendu ne git en retrait durant & constant ledit mariage; mais après le trépas de l'un desdits Conjoints la moitié dudit heritage git en retrait à l'encontre de celui qui n'est lignager, ou ses hoirs, [a] s'ils ne sont lignagers du Vendeur, du côté & ligne dont ledit heritage appartenoit à icelui Vendeur, dans l'an & jour du trépas du premier mourant desdits Conjoints; supposé qu'il y eût saisine, ou infeodation [b] prise durant icelui mariage, en rendant & payant par le Retrayant la moitié du sort principal, frais & loyaux coûts.

Cet Article étoit le 184.

a Au cas qu'il n'y ait point d'enfans du mariage: car s'il y en a, l'heritage ne tombe en retrait, suivant l'Article 156. à cause de l'esperance qu'on a que les enfans succederont au survivant; si ce n'est après la mort desdits enfans, dans

dans l'an & jour de la mort dudit survivant.

b Suivant l'Article 130. ou de la publication en Jugement, au cas des Articles 132. & 135.

ARTICLE CLVI.

Le retrait demi-denier n'a lieu au cas de cet Article.

Quand celui qui n'est en ligne, a des enfans qui sont en ligne, retrait n'a lieu.

Voyez l'Article 155.

ARTICLE CLVII.

Quid? Si les Heritiers du prédecedé n'exercent le retrait demi-denier.

Et si par partage l'heritage sort hors la ligne, il est sujet à retrait pour moitié; a pourvû toutefois que le Retrayant ait intenté son action, & sur icelle protesté dedans l'an du décès de celui des deux Conjoints qui lui est parent.

I

a Mais si ensuite il est licité entre le Retrayant, & l'autre Coproprietaire, il n'y a plus lieu au retrait.

Voyez la note sur l'Article 154.

ARTICLE CLVIII.

Inhabile à succeder, ne peut retraire.

Qui n'est habile à succeder comme un bâtard, *a* ne peut venir à retrait lignager.

a A moins qu'il n'ait été legitimé par subsequent mariage, en sorte qu'il soit habile à succeder; & il n'importe que la legitimation n'ait été faite qu'après la vente, pourvû que ce soit dans l'an & jour. *Idem*, de ceux qui sont morts civilement.

ARTICLE CLIX.

Le retrait lignager évince le féodal.

Le Fief venant de propre vendu par le Vassal, & retenu par puissance de Fief par le Seigneur féodal, peut être retrait par l'un des parens ; & lignager du Vendeur, de l'eſtoc & ligne dont il eſt procedé, *a* dans l'an & jour que ledit Fief a été retenu par puiſſance de Fief, *& ladite retenuë publiée en Jugement au plus prochain Siége Royal. b*

·· Cet Article étoit le 183. changé.
a Suivant l'Article 22.
b Article 135.

TITRE VIII.

Des arrêts, executions, & gageries.

ARTICLE CLX.

Des cauſes des ſaiſies, & arrêts.

ON ne peut proceder par voie d'arrêt, executions, ou autres exploits, ſur les biens d'autrui, ne par empriſonnement, ſans obligation, *a* condamnation, délit, ou quasi délit, chose privilegiée, ou qui le vaille. *b*

Cet Article étoit le 162, changé.

a Voyez l'Ordonnance de l'an 1667. touchant les contraintes par corps.

b Comme au cas des simples Gageries, l'Article 86, 161, & 163. ou du Privilege des Proprietaires, Article 171. ou des Bourgeois de Paris, Article 173. ou des Hôteliers, Article 175.

ARTICLE CLXI.

Gagerie pour Loyers des Maisons.

Il est loisible à un Proprietaire d'aucune maison *a* par lui baillée à titre de loyer, faire proceder par voye de gagerie *b* en ladite maison, pour les termes à lui dûs pour le louage, sur les biens étans en icelle. *c*

Cet Article étoit le 163.

a Située dans l'étenduë de cette Coutume, soit dans la Ville ou dans les Champs.

b Touchant la Gagerie. Voyez les Articles 86. & 163.

c Par préference à tous autres Créanciers. Voyez l'Art. 171.

ARTICLE CLXII.

Gageries sur les biens des Sous-Locataires.

S'il y a des Sous-Locataires, peuvent être pris leurs biens a *pour ledit loyer & charge du bail, & néanmoins leur seront rendus en payant le loyer pour leur occupation.*

a Toutefois le Proprietaire ne doit pas commencer par l'execution, mais il doit saisir entre les mains des Sous-Locataires les deniers qu'ils doivent pour leur habitation au principal Locataire, avec assignation, pour déclarer ce qu'ils doivent, & se voir condamner à le payer au Saisissant.

ARTICLE CLXIII.

Gagerie pour trois quartiers de rente fonciere.

Qui a droit de rente a constituée sur aucune maison assise en la Ville & Fauxbourgs de Paris, à cause de laquelle lui sont dûs trois termes d'arrerages, & non plus, peut proceder par voie de gagerie, [b] pour iceux trois termes [c] sur les biens meubles étans en ladite maison, appartenans au Détempteur, & Proprietaire.

Cet Article étoit le 165.

a Il faut ajoûter ce mot *fonciere*; car la simple Gagerie n'a pas lieu pour la rente constituée, pour la sûreté de laquelle une maison seroit hypothequée; recours à mon Commentaire.

b Voyez les Articles 86. & 161.

c Pour les autres il n'a que l'action.

ARTICLE CLXIV.

De l'obligation du Scel Royal.

Une obligation faite & passée sous le Scel Royal, est executoire [a] sur les biens meubles & immeubles de l'obligé.

Cet Article étoit le 166.

a Sans l'autorité du Juge, ni du Jugement de condamnation, dans le Resſort de la Juriſdiction, du Sceau de laquelle l'obligation eſt ſcellée.

ARTICLE CLXV.

De l'obligation du Scel autentique.

Et le ſemblable doit être gardé pour les obligations paſſées ſous Scel autentique, a *& non Royal ; pourvû qu'au jour de l'obligation paſſée, les Parties obligées fuſſent demeurantes au lieu où ladite obligation eſt paſſée.*

a Leſquelles peuvent être miſes à execution ſur les biens qui ſe trouvent dans l'étenduë de la Juſtice ſubalterne, du Sceau de laquelle elles ſoient ſcellées.

Voyez l'Article précedent.

ARTICLE CLXVI.

Saiſie de biens, & arrêt de la perſonne, n'ont lieu pour dette non liquide.

On n'eſt recevable à proceder par voie d'arrêt, ſaiſie, execution, ou emprisonnement, en vertu d'obligation, ou Sentence, si la chose, ou somme pour laquelle on veut faire ledit exploit, n'est certaine & liquide en somme ou espece. Et néanmoins si l'espece est sujette à appréciation, a on peut executer, & ajourner afin d'apprécier.

a Voyez l'Ordonnance de l'an 1667. titre de la liquidation des fruits.

ARTICLE CLXVII.

Saisie du Seigneur Haut-Justicier, sur heritages vacans.

Quand le Proprietaire possesseur d'aucun heritage va de vie à trépas sans hoirs apparans, le Haut-Justicier, en la Justice duquel les heritages sont assis, peut, & lui est loisible, iceux heritages vacans, & non occupés, *a* saisir, & mettre en sa main. *b*

Cet Article étoit le 169.

a Par les heritiers du défunt.

b Après trois publications differentes, à la charge de les rendre à ceux qui se trouveront heritiers du deffunt dans trente ans.

Idem, Des meubles, lesquels en ce cas ne suivent pas le domicile du deffunt.

ARTICLE CLXVIII.

Si une obligation, ou Sentence est executoire sur les biens de la Veuve, ou des Heritiers.

Obligation passée par le mari, ou Sentence contre lui donnée après le trépas dudit mari, ne sont executoires sur les biens de la veuve, ni des heritiers dudit deffunt, *avant que tels soient déclarés. Et pour ce faire les faut appeller.* a

Cet Article étoit le 171.

a Pour la faire déclarer executoire contre l'heritier, pour le contenu en icelle, & contre la veuve seulement, pour ce dont elle amende de la communauté, au cas qu'elle l'accepte, par l'Article 221. & 228. & en cas de renonciation, elle ne peut point être executée contre elle, par l'Article 237.

Voyez l'Article suivant.

ARTICLE CLXIX.

De la saisie des biens d'un deffunt.

Néanmoins, pour la conservation du dû des Créanciers, peuvent être les biens du deffunt, & de la communauté, saisis & arrêtés, a *commandement préalablement fait* b *à la Veuve & Heritiers.*

a Par permission du Juge qui se donne sur simple Requête.

b Quand la saisie se fait sans permission du Juge, en vertu de pieces portant execution parée; mais quand elle se fait par permission du Juge, il ne faut point de Commandement.

ARTICLE CLXX.

Meubles non susceptibles d'hypotheque.

Meubles n'ont point de suite par

hypotheque, *quand ils sont hors la possession du Débiteur.* a

Cet Article étoit le 168.

a Ni quand ils sont en sa possession, mais ils peuvent être saisis par ses Créanciers, & être vendus, & sur le prix le premier Saisissant est préferé, sinon au cas de déconfiture, Article 178. & suivans.

ARTICLE CLXXI.

Cas auquel meubles, hors la possession du Débiteur, peuvent être suivis.

Toutefois les Proprietaires des Maisons sises ès Villes & Fauxbourgs, & Fermes des Champs, a *peuvent suivre les biens de leurs locatifs, ou Fermiers executés,* b *encores qu'ils soient transportés, pour être premier payés de leurs loyers, ou maison,* c *iceux arrêter, jusqu'à ce qu'ils soient vendus & délivrés par autorité de Justice.*

a Quant aux Fermes ce privilege accordé par notre Coutume, est dérogeant au Droit commun, par conséquent non extensif aux Coutumes qui n'en disposent.

b Par d'autres Créanciers, & mis hors la possession du Débiteur.

c Pour une année seulement, au cas qu'il n'y ait point de bail, mais s'il y en a un, les meubles sont garands de tout le bail. Voyez l'Article 161.

Article CLXXII.

Meubles executés, dans quel tems doivent être vendus.

Les Executans sont tenus de faire vendre les biens dedans deux mois, après les oppositions jugées, ou cessées.

a Sinon les Commissaires, ou Gardiens sont déchargés, *ipso jure*, à quoi est conforme l'Article 21. Titre des Sequestres de l'Ordonnance de l'an 1667.

Article CLXXIII.

Saisie & arrêt des biens des Débiteurs forains.

Par privilege usité, quiconque

eſt Bourgeois demeurant & habitant à Paris, *a* & par an & par jour y a demeuré, il peut proceder par voie d'arrêts ſur les biens de ſes Débiteurs forains, *b* trouvés en icelle Ville, poſé qu'il n'y eût obligation, ni cedule, *& non ſur autres Débiteurs que forains.*

Cet Article étoit le 192.

a Y ayant établi ſon véritable & perpetuel domicile avec ſa famille.

b C'eſt-à-dire, demeurans hors l'étenduë de cette Coutume.

ARTICLE CLXXIV.

Le Prevôt de Paris en connoît.

De tel arrêt fait en la Ville & Fauxbourgs, connoît le Prevôt de Paris, a *& non autre.*

a Excepté quand le ſaiſi offre de bailler caution ſuffiſante pour la dette prétenduë, ou que le ſaiſi oppoſe des exceptions ſuffiſantes, en ces cas la cauſe doit être renvoyée pardevant le Juge de ſon domicile; à moins que l'Arrêt n'eût été fait en vertu d'obligation passée sous le Scel de Paris, lequel est attributif de Jurisdiction au Prevôt de Paris.

ARTICLE CLXXV.

Privilege des Hôteliers.

Dépens d'hôtelage livrés par Hôtes à Pelerins, ou à leurs Chevaux, sont privilegiés, & viennent à préferer devant tout autre, sur les biens & chevaux hôtelés, & les peut l'Hôtelier retenir jusqu'à payement; & si aucun autre Créancier les vouloit enlever, l'Hôtelier a juste cause de soi opposer. *a*

Cet Article étoit le 193.

a Ce qui est fort juste, puisqu'il seroit responsable de la perte desdites choses qui arriveroit dans son Hôtellerie.

ARTICLE CLXXVI.

Préference du Vendeur d'un meuble vendu sans terme.

Qui vend aucune chose mobiliaire ſans jour & ſans terme, eſperant être payé promptement, il peut ſa choſe pourſuivre en quelque lieu qu'elle ſoit tranſportée, pour être payé du prix qu'il l'a venduë.

Cet Article étoit le 194.

a Par ſaiſie & execution faite par les Créanciers de l'Acheteur : *Secus*, ſi elle eſt venduë par lui, ou à la pourſuite de ſes Créanciers.

Voyez l'Article ſuivant.

ARTICLE CLXXVII.

Quid ? Si le Vendeur a donné terme.

Et néanmoins encores qu'il eût donné terme, ſi la choſe ſe trouve ſaiſie ſur le Débiteur par autre Créancier, il peut empêcher la vente, & eſt préferé ſur la choſe aux autres Créanciers. a

a Il peut même en empêcher la vente & la revendiquer, au cas qu'il n'ait rien reçû du prix convenu, à moins qu'elle valût plus qu'il ne l'auroit venduë.

Voyez l'Article précedent.

ARTICLE CLXXVIII.

Premier saisissant chose mobiliaire, est préferé.

Le Créancier qui fait premier arrêter, & saisir valablement, ou prendre par execution aucuns meubles appartenans à son Débiteur, doit être le premier payé. a

a *Idem*, De celui qui saisit le premier les fruits d'un fonds.

Cet Article souffre des exceptions qui sont dans les Articles 171, 175, 176, 177, 179, 181, 182.

ARTICLE CLXXIX.

Il n'y a point de préference sur meubles, au cas de déconfiture.

Toutefois, en cas de déconfiture, chacun Créancier vient à contribution au sol la livre, sur les biens meubles du Débiteur. Et n'y a point de préference, ou prérogative *pour quelque cause que ce soit;*

soit; a *encores qu'aucun des Créanciers, eût fait premier saisir.*

Cet Article étoit le 196.

a *Fallit*, au cas des Privileges sur la chose, suivant les Articles 171, 175, 176, 177, 181, & 182.

Idem, Des autres dettes privilegiées; recours à mon Commentaire sur l'Article suivant, qui sert d'interpretation à celui-ci.

ARTICLE CLXXX.

Ce que c'est que déconfiture.

Le cas de déconfiture, est quand les biens du Débiteur, tant meubles qu'immeubles, ne suffisent aux Créanciers apparans; & si pour empêcher la contribution se meut differend entre les Créanciers apparans sur la suffisance, ou insuffisance desdits biens, les premiers en diligence, qui prennent les deniers des meubles par eux arrêtés, a *doivent bailler caution de les rapporter, pour être mis en contribu-*

tion, au cas que lesdits biens ne suffisent.

a Et vendus par autorité de Justice.

ARTICLE CLXXXI.

Et n'a lieu la contribution, quand le Créancier se trouve saisi du meuble, qui lui a été baillé en gage. a

a Pourvû qu'il ne soit pas frauduleux, & qu'il y ait Acte de prêt passé pardevant Notaires, & non suspect, par l'Article huitiéme de l'Ordonnance du Commerce.

ARTICLE CLXXXII.

Aussi n'a lieu la contibution en matiere de dépôt, si le dépôt se trouve en nature. a

a Et s'il ne se trouve pas en nature, le Déposant n'a point de privilege sur les biens du Débiteur, si ce n'est sur ceux qui auroient été achetés des deniers déposés: Mais le Dépositaire est contraignable par corps.

ARTICLE CLXXXIII.

Qui confisque les biens, il confisque le corps. a

a Car la confiſcation des biens emporte la mort naturelle ou civile, comme la mort naturelle ou civile ordonnée par Juſtice emporte la confiſcation de biens.

TITRE IX.

Des ſervitudes, & rapports de Jurés.

ARTICLE CLXXXIV.

EN toutes matieres ſujettes à viſitation, les Parties doivent convenir en Jugement de Jurés, ou Experts, & Gens à ce connoiſſans, qui font le ſerment pardevant le Juge. Et doit être le rapport apporté en Justice, pour en plaidant, ou en jugeant le Procès, y avoir tel égard, que de raison, sans qu'on puisse demander amendement. Peut néanmoins le Juge ordonner autre, ou plus ample visitation être faite, s'il y échet. Et où les Parties ne conviennent de personnes, le Juge en nomme d'Office.

Cet Article étoit le 79.

Voyez l'Article suivant, & l'Ordonnance de l'an 1667. Titre des Descentes, Art. 8. & suivans.

ARTICLE CLXXXV.

Comment doit être fait, signé, & délivré le Rapport.

Et sont tenus lesdits Jurés ou Experts, & Gens connoissans, faire & rediger par écrit, & signer la minute du rapport sur le lieu, & paravant qu'en partir, & mettre à l'instant ladite minute ès mains du Clerc qui les assiste;

lequel est tenu dedans les vingt-quatre heures après, délivrer ledit rapport aux Parties qui l'en requierent.

Voyez l'Article précedent.

ARTICLE CLXXXVI.

Comment la servitude, ou la liberté contre la servitude s'acquiert.

Droit de servitude ne s'acquiert par longue jouissance, quelle qu'elle soit, sans titre, a *encores que l'on en ait joui par cent ans; mais la liberté se peut réacquerir contre le titre de servitude par trente ans,* b *entre âgés, & non privilegiés.*

Cet Article est au lieu des 80. & 87.

a Ce qui est une exception de l'Article 118.

b Ce qui se doit entendre des servitudes qui consistent *in facto*, & non de celles qui consistent *in non faciendo*; recours à mon Commentaire.

Voyez les Articles 12, 71, 124, 215, & 216.

ARTICLE CLXXXVII.

Qui a le sol, a le dessus & le dessous.

Quiconque a le sol, appellé l'étage du rez de chaussée, d'aucun heritage, il peut, & doit avoir le dessus & le dessous de son sol, & peut édifier par dessus & par dessous, & y faire puits, aisemens, *a* & autres choses licites, s'il n'y a titre au contraire.

Cet Article est au lieu des 81. & 83.

a Suivant les limitations portées par les Articles 90. 91. & 92.

ARTICLE CLXXXVIII.

Quel contre-Mur requis en étable.

Qui fait étable contre un Mur moitoyen, il doit faire contremur de huit pouces d'époisseur, de hauteur, jusqu'au rez de la mangeoire.

Voyez les quatre Articles suivans.

ARTICLE CLXXXIX.

Contre-Mur pour Cheminée, & Astres.

Qui veut faire cheminées, & âtres contre le mur moitoyen, doit faire contre-mur de thuilots, ou autre chose suffisante, de demi pied d'époisseur.

Voyez l'Article suivant.

ARTICLE CXC.

Contre-Mur pour Forge, &c.

Qui veut faire Forge, Four, & Fourneau contre le mur moitoyen, doit laisser demi pied de vuide, & intervalle entre deux du mur du Four, ou Forge; & doit être ledit mur d'un pied d'épaisseur.

Voyez l'Article précedent.

ARTICLE CXCI.

Contre-Mur pour aiſances.

Qui veut faire aiſances de Privés, ou Puits contre un mur moitoyen, il doit faire contre-mur d'un pied d'épaiſſeur. Et où il y a de chacun côté, Puits d'un côté, & aiſance de l'autre, ſuffit qu'il y ait quatre pieds de maçonnerie d'épaiſſeur entre deux, comprenant les épaiſſeurs des murs d'une part & d'autre. Mais entre deux Puits ſuffiſent trois pieds pour le moins.

Voyez l'Article 217.

ARTICLE CXCII.

Contre-Mur pour Terres labourées.

Celui qui a Place, Jardin, ou autre lieu vuide, qui joint immediatement au mur d'autrui, ou à mur moitoyen, & il veut faire la-

bourer & fumer, il est tenu faire contre-mur de demi pied d'épois-seur; & s'il a Terres jectisses, il est tenu faire contre-mur d'un pied d'époisseur.

Voyez l'Article 188.

Article CXCIII.

Tous Proprietaires de Maisons en la Ville & Fauxbourgs de Paris, sont tenus avoir latrines, & privés suffisans en leurs maisons.

Voyez l'Article 218.

Article CXCIV.

Que doit payer celui qui bâtit contre-Mur non moitoyen.

Si aucun veut bâtir contre un mur non moitoyen, faire le peut en payant moitié, tant dudit mur, que fondation d'icelui, jusqu'à son heberge. Ce qu'il est tenu payer paravant que rien démolir, ni bâtir. En l'estimation duquel mur, est compris la valeur de la terre sur laquelle est ledit mur fondé & assis ; au cas que celui qui a fait le mur, l'ait tout pris sur son heritage.

Voyez les Articles 195, 196, 198, 203, 204, 205, 209, 211.

ARTICLE CXCV.

Si on peut hausser un Mur moitoyen, & comment.

Il est loisible à un Voisin hausser à ses dépens le mur moitoyen d'entre lui & son Voisin, si haut que bon lui semble, sans le consentement de sondit Voisin, s'il n'y a titre au contraire, *en payant les charges ; pourvû toutefois que le Mur soit suffisant pour porter le rehaussement, & s'il n'est suffisant, faut que celui qui veut rehausser, le fasse fortifier, & se doit prendre l'epoisseur de son côté.*

C'étoit le 82.

- Voyez l'Article précedent, & les trois ſuivans.

ARTICLE CXCVI.

Pour bâtir ſur un Mur de clôture.

Si le Mur eſt bon pour clôture & de durée, celui qui veut bâtir deſſus, & démolir ledit Mur ancien, pour n'être ſuffiſant pour porter ſon bâtiment, eſt tenu de payer entierement tous les frais, & en ce faiſant, ne payera aucunes charges; mais s'il s'aide du mur ancien, payera les charges.

Voyez l'Article ſuivant, & les 204, 209, 211.

ARTICLE CXCVII.

Charges qui ſe payent au Voiſin.

Les charges ſont de payer, & rembourſer par celui qui ſe loge & heberge ſur & contre le mur moitoyen.

de six toises l'une de ce qui sera bâti au dessus de dix pieds.

Voyez les Articles 195, 196, 209, 211.

ARTICLE CXCVIII.

Pour bâtir un Mur moitoyen.

Il est loisible à un Voisin se loger, ou édifier au Mur commun & moitoyen d'entre lui & son Voisin, si haut que bon lui semblera, en payant la moitié dudit Mur moitoyen, s'il n'y a titre au contraire.

C'étoit le 84.
Voyez les Articles 194, 195, 196, 204.

ARTICLE CXCIX.

Nulles fenêtres, ou trous au Mur moitoyen.

En Mur moitoyen, ne peut l'un des Voisins, sans l'accord & consentement de l'autre, faire faire fe-

nêtres, ou trous pour vûës, en quelque maniere que ce soit, à verre dormant, ni autrement.

a Si ce n'est *servitutis jure.*
Voyez les Articles 200, 201, 211.

ARTICLE CC.

Fenêtres en Mur non moitoyen.

Toutefois, si aucun a mur à lui seul appartenant, joignant sans moyen à l'heritage d'autrui, il peut en icelui mur avoir fenêtres, lumieres ou vûës aux ûs & Coûtumes de Paris. C'est à sçavoir de neuf pieds de haut au dessus du rez de chaussée & terre, quant au premier étage; & quant aux autres étages, de sept pieds, au dessus du rez de chaussée: le tout à fer maillé, & verre dormant. a

a Mais il en peut avoir dans un exhaussement fait sur le Mur moitoyen.
Voyez l'Article 199, 201, & 202.

ARTICLE CCI.

Fer maillé, & Verre dormant quid?

Fer maillé, est treillis dont les trous ne peuvent être que de quatre pouces en tous sens: & verre dormant, est verre attaché, scellé en plâtre, qu'on ne peut ouvrir.

Voyez les deux Articles précedens.

ARTICLE CCII.

Distances pour vûës droites, & bées de côté.

Aucun ne peut faire vûës droites sur son Voisin, ne sur Places à lui appartenantes, s'il n'y a six pieds de distance entre ladite vûë & l'heritage du Voisin: a *& ne peut avoir bées de côté, s'il n'y a deux pieds de distance.*

a *Secus*, quand il y a une ruë ou chemin public entre deux, selon la Loi, *Si intercedat. ff. de servitut. cælum quod suprà id solum intercedit; liberum esse debet.*

Voyez les Articles 199. & 200.

ARTICLE CCIII.

Que doit faire celui qui veut démolir.

Les Maçons ne peuvent toucher, ne faire toucher à un mur moitoyen, pour le démolir, percer & réedifier, sans y appeller les Voisins qui y ont interêt, par une simple signification seulement. Et ce à peine de tous dépens, dommages & interêts, & rétablissement dudit mur.

Voyez les Articles 195, 198, 204, & 205.

ARTICLE CCIV.

Comment on peut percer, démolir, & rétablir le mur moitoyen.

Il est loisible à un Voisin, percer ou faire percer, & démolir le mur commun & moitoyen d'entre lui & son voisin, pour se loger & édifier, en le rétablissant dûement à ses dépens, s'il n'y a titre au contraire: *en le dénonçant toutefois au préalable à son Voisin. Et est tenu faire incontinent, & sans discontinuation, ledit rétablissement.*

Cet Article étoit le 85.
Voyez l'Article précedent, & le 208.

ARTICLE CCV.

Contribution pour refaire le Mur moitoyen.

Il est aussi loisible à un Voisin contraindre, ou faire contraindre par Justice son autre Voisin, à faire, ou faire refaire le Mur, & édifice commun pendant & corrompu entre lui & sondit Voisin, & d'en payer sa part chacun selon son heberge, & pour telle part & portion

tion que lesdites Parties ont & peuvent avoir audit Mur, & édifice moitoyen.

Cet Article étoit le 86.
Voyez les Articles 196. & 209.

ARTICLE CCVI.

Poutres & Solives, ne se mettent point dans le Mur non moitoyen.

N'est loisible à un Voisin de mettre, ou faire mettre, & loger les Poutres & Solives de sa Maison dans le Mur d'entre lui & sondit Voisin, si ledit Mur n'est moitoyen.

Cet Article étoit le 88.
Voyez les Articles 197. & 198.

ARTICLE CCVII.

Pour mettre Poutres au Mur moitoyen.

Il n'est aussi loisible à un Voifin de mettre, ou faire mettre, & asseoir les Poutres de sa Maison dedans le Mur moitoyen d'entre lui & son Voisin, sans y faire faire, & mettre jambes, parpaignes, ou chênes, & corbeaux suffisans de pierre de taille, pour porter lesdites Poutres ; en rétablissant ledit Mur : *Toutefois pour les Murs des Champs, suffit y mettre matiere suffisante.*

Cet Article étoit le 89.
Voyez l'Article 206. & 208.

ARTICLE CCVIII.

Poutres comment se placent sur Mur moitoyen.

Aucun ne peut percer le Mur moitoyen d'entre lui & son Voisin, pour y mettre & loger les Poutres de sa Maison, que jusqu'à l'épaisseur de la moitié dudit Mur, *a* & au point du milieu, en rétablissant ledit Mur ; & en mettant, ou faisant mettre jambes, chênes, & corbeaux, comme dessus.

C'étoit le 96.
Voyez les Articles 206. & 207.
a Ce qui s'entend ainsi, quand l'autre voisin veut aussi placer sa poutre dans le même endroit du mur.

ARTICLE CCIX.

Contribution pour Murs de clôture.

Chacun peut contraindre son Voisin ès Villes & Fauxbours de la Prevôté & Vicomté de Paris, à contribuer pour faire faire clôture, faisant séparation de leurs Maisons, Courts & Jardins assis esdites Villes & Fauxbourgs, jusqu'à la hauteur de dix pieds, du haut du rez de chaussée, compris le chaperon.

Voyez les Articles 196, 205, 211, & 212.

ARTICLE CCX.

Des Murs de clôtures hors les Villes & Fauxbourgs.

Hors lesdites Villes & Fauxbourgs, on ne peut contraindre Voisin à faire mur de nouvel, separant les Courts & Jardins, mais bien le peut-on contraindre à l'entretenement & réfection necessaire des murs anciens, selon l'ancienne hauteur desdits murs, si mieux le Voisin n'aime quitter le droit de mur, & la terre sur laquelle il est assis. a

Voyez les Articles 209, 211, & 212.

a Cet Article s'entend des Murs separans Cours & Jardins des maisons des champs, autrement il seroit contraire à l'Article 209.

ARTICLE CCXI.

Murs de séparation sont moitoyens.

Tous Murs separant Courts &

Jardins, sont réputés moitoyens, s'il n'y a titre au contraire, & celui qui veut faire bâtir nouveau mur, ou refaire l'ancien corrompu, peut faire appeller son Voisin, pour contribuer au bâtiment, ou réfection dudit mur, ou bien lui accorder lettres que ledit mur soit tout sien.

Voyez les Articles 194, 195, 196, 197, 203, 204, 205, 209, 210, 214.

ARTICLE CCXII.

Comment on peut rentrer au droit de Mur.

Et néanmoins ès cas des deux précedens Articles, est ledit Voisin reçû, quand bon lui semble, à demander moitié dudit mur bâti, & fond d'icelui; ou à rentrer en son premier droit, en remboursant moitié dudit mur & fond d'icelui.

Voyez les deux Articles précedens.

ARTICLE CCXIII.

Idem, des anciens Fossés communs.

Le semblable est gardé pour la réfection, vuidanges, & entretenement des anciens Fossés communs & moitoyens.

Voyez l'Article précedent, & l'Article 210.

ARTICLE CCXIV.

Marques du Mur moitoyen.

Filets doivent être faits accompagnés de pierres, pour connoître que le mur est moitoyen, ou à un seul. a

Voyez l'Article 211.

a En sorte qu'ils suppléent le défaut d'un titre, pourvû qu'il n'y ait pas de titre contraire.

ARTICLE CCXV.

Des servitudes retenuës, ou constituées par Pere de famille.

Quand un Pere de famille met hors ses mains partie de sa maison, il doit specialement déclarer quelles servitudes il retient sur l'heritage qu'il met hors ses mains, ou quelles il constitue sur le sien: & les faut nommément, & specialement declarer, tant pour l'endroit, grandeur, hauteur, mesure, qu'espece de servitude. Autrement toutes constitutions generales de servitudes, sans les déclarer, comme dessus, ne valent.

Voyez l'Article suivant.

ARTICLE CCXVI.

De la destination du Pere de famille.

Destination du Pere de famille vaut titre : *quand elle est, ou a été par écrit, & non autrement.*

Voyez l'Article précedent.

ARTICLE CCXVII.

De quelle distance on peut avoir Fossés près du Mur moitoyen.

Nul ne peut faire Fossés à eaux, ou cloaques, s'il n'y a six pieds de distance en tous sens, des murs appartenans au Voisin, ou moitoyens.

Voyez les Articles 191. & 213.

ARTICLE CCXVIII.

Nul ne peut mettre Vuidanges de Fosses de privés dans la Ville.

Voyez l'Article 193.

ARTICLE CCXIX.

Des enduis, & crépis en vieils Murs.

Les enduis & crépis de maçon-

nerie faits à viels murs, se toisent à raison de six toises pour une toise de gros mur.

Voyez l'Article 197.

TITRE X.

De communauté de biens.

ARTICLE CCXX.

De quels biens, & de quel jour se contracte la communauté.

HOmme & Femme, conjoints ensemble par mariage, sont communs en biens meubles, [a] & conquêts immeubles, faits durant & constant ledit mariage. [b] *Et commence la communauté du jour des épousailles, & bénédiction nuptiale.*

Cet Article étoit le 110.

[a] Et en dettes mobiliaires contrac-

tées avant le mariage, à moins qu'il ne soit convenu qu'ils payeront chacun lesdites dettes, car puisque les dettes actives sont partie de la communauté, les dettes passives y doivent tomber aussi.

b Quoique situés en Pays où la communauté n'a pas de lieu.

Voyez les Articles 244, & les deux suivans.

ARTICLE CCXXI.

Comment les Conjoints par mariage sont tenus des dettes mobiliaires l'un de l'autre.

A cause de laquelle communauté le Mari est tenu personnellement [a] payer les dettes mobiliaires dûës, à cause de sa femme, & en peut être valablement poursuivi durant leur mariage : & aussi la femme est tenuë après le trépas de son mari, payer la moitié des dettes mobiliaires, faites, & accrûës par ledit mari, tant durant ledit mariage, qu'auparavant icelui ; *Et ce jusqu'à la concurrence de la communauté,* b *comme il sera dit ci-après.* c

Cet Article étoit le 109.

a Non hypothecairement, à moins qu'il ne l'eût reconnuë.

b A moins qu'elle ne se soit obligée à la dette avec son mari solidairement.

c Article 228. & 237.

ARTICLE CCXXII.

Comment les Conjoints peuvent se liberer des dettes l'un de l'autre.

Combien qu'il soit convenu entre deux Conjoints qu'ils payeront separément leurs dettes faites auparavant leur mariage; a *ce neanmoins ils en sont tenus, s'il n'y a Inventaire préalablement fait: auquel cas ils demeurent quittes, representant l'Inventaire, ou l'estimation d'icelui.* b

a Que si dans le Contrat de mariage il n'en est point parlé, les dettes se payent sur la communauté.

Voyez la note sur l'Article 20.

b Ce qui se doit entendre à l'égard de Créanciers; recours à mon Commentaire.

Voyez l'Article précedent.

Article CCXXIII.

Contrat de femme mariée non autorisée, ni separée, est nul.

La femme mariée ne peut vendre, aliener, ni hypothequer ses heritages, sans l'autorité, & consentement exprès de son mari: *a* *Et si elle fait aucun Contrat, sans l'autorité, & consentement de sondit mari, tel Contrat est nul, tant pour le regard d'elle, que de sondit mari, & n'en peut être poursuivie,* b *ni ses heritiers, après le décès de sondit mari.*

Cet Article étoit le 105.

a Ce consentement doit être exprès; il peut intervenir *in ipso negotio*, ou par après; parce que qui peut consentir à l'alienation présente, peut ratifier celle qui a été faite.

b De ſorte qu'elle n'a pas beſoin de Lettre de reſtitution, la reſtitution n'étant point néceſſaire pour ce qui eſt nul de ſoi.

Voyez les Articles 224, 234, 235, & 236.

ARTICLE CCXXIV.

Si la Femme mariée peut eſter en Jugement.

Femme ne peut eſter en Jugement, ſans le conſentement [a] de ſon mari, *ſi elle n'eſt autoriſée, ou ſeparée par Juſtice, & ladite ſeparation executée.*

Cet Article étoit le 106.

a Exprès ou tacite; ainſi la femme peut eſter en Jugement ſans l'autorité expreſſe de ſon mari, dans un Procès dans lequel le mari eſt partie avec elle.

Secus, quand elle eſt pourſuivie pour crime.

Voyez les Articles 223, 234, 235, & 236.

ARTICLE CCXXV.

Si le Mari peut diſpoſer des biens de la communauté, & comment.

Le Mari eſt Seigneur des meubles, & conquêts immeubles par lui faits, durant & conſtant le mariage de lui & ſa femme. En telle maniere qu'il les peut vendre, aliener, ou hypothequer, & en faire & diſpoſer par donation, ou autre diſpoſition faite entre vifs à ſon plaiſir & volonté, ſans le conſentement de ſadite femme, [a] à perſonne capable, [b] & ſans fraude.

Cet Article étoit le 107.

a *Secus*, par derniere volonté, au préjudice de la part que la femme a dans la communauté, par l'Article 296.

Il ne peut pas auſſi par une condamnation de mort naturelle ou civile, préjudicier à la part appartenant à ſa femme.

b De recevoir tels biens, comme s'il donnoit à ſes enfans d'un premier lit, telle donation ne pourroit nuire à ſa femme.

ARTICLE CCXXVI.

Le Mari ne peut diſpoſer des propres de ſa femme.

Le Mari ne peut vendre, échanger, faire partage, ou licitation, charger, obliger, ni hypothequer le propre heritage de ſa femme, ſans le conſentement de ſadite femme, *a* & icelle de par lui autoriſée à cette fin.

Cet Article étoit le 108.

a Que s'il le fait, le Contrat eſt nul, ſauf à l'Acquereur ſon action contre lui pour ſes dommages & interêts. Toutefois, tant que dure le mariage, ou la communauté, l'Acquereur peut demeurer en poſſeſſion de la choſe venduë, & en faire les fruits ſiens, ſans charge de les reſtituer.

Voyez l'Article ſuivant, & le 233.

ARTICLE CCXXVII.

Le Mari peut faire Baux des biens de ſa femme.

Peut toutefois le Mari faire

Baux à loyer, ou moisson à six ans pour heritages assis à Paris, & à neuf ans pour heritages assis aux Champs, & au dessous, a *sans fraude.* b

a Et si les Baux sont faits pour plus, ils sont nuls à l'égard de la femme, après le décès du mari, ou à l'égard des heritiers d'icelle.

b Autrement ils pourroient être cassés par la femme, ou par ses heritiers, quoiqu'ils fussent faits dans le tems porté par cet Article.

Voyez l'article précedent.

Article CCXXVIII.

Si le Mari peut obliger sa femme.

Le Mari ne peut par Contrat, & obligation faite devant, ou durant le mariage, obliger sa femme, sans son consentement, plus avant que jusqu'à la concurrence de ce qu'elle, ou ses heritiers amendent a *de la communauté; pourvû toutefois qu'après le décès de l'un des Conjoints, soit fait loyal Inventaire,*

taire, & qu'il n'y ait faute, ni fraude b *de la part de la femme, ou de ses heritiers.*

a Voyez l'Article 221. & suivans.

Que si elle s'oblige avec son mari, elle pourra être poursuivie pour la moitié; & si c'est avec solidité, pour le tout, sauf son recours contre son mari, ou contre ses heritiers.

b Voyez l'Article 237. *in fine.*

ARTICLE CCXXIX.

Comment se divise la communauté.

Après le trépas de l'un desdits Conjoints, les biens de ladite communauté se divisent en telle maniere, que la moitié en appartient au Survivant, & l'autre moitié aux heritiers du trépassé. a

Cet Article étoit le 111.

a Au cas que la femme soit commune, & qu'elle, ou ses heritiers acceptent la communauté.

Voyez l'Article 220 & 237.

ARTICLE CCXXX.

Si les Conquêts sont propres aux Heritiers des Conjoints, & si les Pere & Mere en ont l'usufruit.

Laquelle moitié des Conquêts advenuë aux Heritiers du Trépassé, est le propre heritage desdits Heritiers. Tellement que si lesdits Heritiers vont de vie à trépas sans hoirs de leurs corps, icelle moitié retourne à leur plus prochain Heritier, du côté & ligne *a* de celui duquel leur est advenuë ladite moitié : *Desquels biens toutefois les Pere & Mere, Ayeul ou Ayeule succedans à leurs enfans, jouiront par usufruit leur vie durant ; au cas qu'il n'y ait aucuns Descendans de l'Acquereur.* b

Cet Article étoit le 112.

a Et par conséquent il est sujet au retrait contre l'opinion de M. Charles du

Moulin en sa note, sur l'Article 112. de l'ancienne Coutume.

b Ainsi les freres & sœurs, enfans de l'Acquereur, & leurs Descendans, succedent dans lesdits biens les uns aux autres, à l'exclusion de leur ayeul ou ayeule; à quoi est conforme l'Article 314.

ARTICLE CCXXXI.

A qui appartiennent les fruits des propres pendans au fond au tems du décès.

Les fruits des heritages propres, pendans par les racines au tems du trépas de l'un des Conjoints par mariage, appartiennent à celui auquel advient ledit heritage, a *à la charge de payer la moitié des labours & semences.* b

a Parce qu'ils sont censés faire partie du fonds, suivant l'Article 92. *in fine*.

b Au cas que la femme, ou ses heritiers acceptent la communauté; car s'ils y renoncent, ils rendent tous les labours & semences, & le mari, ou ses heritiers en ce cas n'en tendent rien pour les propres du mari.

ARTICLE CCXXXII.

De l'alienation des propres pendant le mariage.

Si durant le mariage est vendu aucun heritage, ou rente propre appartenant à l'un ou à l'autre des Conjoints par mariage, ou si ladite rente est rachetée, le prix de la vente, ou rachat est repris sur les biens de la communauté, a au profit de celui auquel appartenoit l'heritage, ou rente : b *encore qu'en vendant n'eût été convenu de remploi, ou récompense ; & qu'il n'y ait aucune déclaration sur ce fait.* c

a S'ils ne sont suffisans, le remploi des propres de la femme se reprend sur les propres du mari.

b A l'égard de la rente dûe par un des Conjoints, & acquittée pendant le mariage, elle est conquêt, par l'Article 244.

c Autrement ce feroit un avantage indirect prohibé par l'Article 282. & cela eft étendu aux Coutumes qui n'en parlent point.

ARTICLE CCXXXIII.

Le Mari eft maître des actions mobiliaires & poffeffoires, appartenantes à la femme.

Le Mari eft Seigneur des actions mobiliaires & poffeffoires, *a* pofé qu'elles procedent du côté de la femme, & peut le Mari agir feul, & déduire lefdits droits & actions en Jugement, fans ladite femme.

Cet Article étoit le 113.

a Et non des petitoires concernant les immeubles, lefquelles il ne peut intenter qu'au nom de fa femme, & de fon confentement. Voyez l'Article 226. & 228.

Ainfi il peut faire Baux à loyer ou à ferme des propres de fa femme, par l'Article 227.

ARTICLE CCXXXIV.

Si la femme mariée peut s'obliger.

Une femme mariée ne se peut obliger, sans le consentement de son Mari [a] si elle n'est séparée [b] *par effet*, ou Marchande publique, auquel cas étant Marchande publique, elle s'oblige, *& son Mari*, touchant le fait & dépendances de ladite Marchandise publique.

C'étoit l'Article 114.

a L'obligation contractée autrement est nulle *ipso jure*, par l'Article 223. en sorte qu'elle n'a pas besoin de Letttres pour s'en faire relever. Que si *ex post facto* le mari ratifie l'obligation, suivant les principes du Droit, cette ratification ne peut nuire ni à la femme, ni à ses autres Créanciers, parce que l'obligation étant nulle dans son commencement, elle ne peut point être confirmée par le consentement du mari ; toutefois nous avons des Arrêts qui ont jugé que la ratification la rendoit valable, nous avons traité ailleurs plus amplement cette question.

b Si ce n'est par délit, & en certains cas marqués dans mon Commentaire. Quant au délit, elle peut être condamnée même par corps au payement des dommages & interêts.

c Mais non pas par corps; recours à mon Commentaire.

ARTICLE CCXXXV.

Comment la Femme est dite Marchande publique.

La Femme n'est réputée Marchande publique, pour débiter la Marchandise dont son Mari se mêle : Mais est réputée Marchande publique, quand elle fait marchandise separée, & autre que celle de son Mari.

Voyez l'Article précedent, & le suivant.

ARTICLE CCXXXVI.

La femme Marchande publique se peut obliger a *sans son Mari, touchant le fait & dépendance de ladite Marchandise.*

Voyez les deux Articles précedens.

a Et par corps, Article 8. de la nouvelle Ordonnance, Titre 34. en sorte qu'elle peut être emprisonnée pour telle obligation contractée avant son mariage.

ARTICLE CCXXXVII.

Comment la Veuve peut renoncer à la communauté.

Il est loisible à toute femme noble, *ou non noble*, de renoncer (si bon lui semble) après le trépas de son mari, à la communauté des biens d'entr'elle, & sondit mari, la chose étant entiere : *a* Et en ce faisant demeurer quitte des dettes mobiliaires dûës par sondit mari au jour de son trépas, *b en faisant bon & loyal inventaire.* c

Cet Article étoit le 115.

a C'est-à-dire au cas qu'elle ne l'ait point encore acceptée, ou qu'elle n'ait point fait acte de commune.

b Pourvû qu'elle ne s'y soit pas obligée. Voyez l'Article 228. & la note.

c Lequel doit être fait dans trois mois, par la nouvelle Ordonnance, Titre 7. Article 5.

ARTICLE CCXXXVIII.

Prérogatives du Survivant des Conjoints nobles sans enfans.

Quand l'un des deux Conjoints nobles, *a* demeurans tant en la Ville de Paris que dehors, & vivans noblement, *b* va de vie à trépas, il est en la faculté du Survivant de prendre & accepter les meubles, *c* étans hors la Ville & Fauxbourgs de Paris, sans fraude; auquel cas il est tenu payer les dettes mobiliaires, *d* & les obseques & funerailles d'icelui trépassé, *selon sa qualité*, pourvû qu'il n'y ait enfans: Et s'il y a enfans, partissent par moitié.

Cet Article a été mis au lieu des Articles 116. & 131.

a La femme, quant à cet effet, est annoblie par son mari.

b Et commune en biens, *quod supplendum.*

c Et il est préferé aux pere & mere du prédecedé, & c'est une exception de l'Article 311.

d Quoique contractées avant la communauté, à moins qu'il n'y ait convention par contrat de mariage, que les Conjoints payeroient séparément leurs dettes.

Voyez la note sur l'Article 220. lettre *a*.

ARTICLE CCXXXIX.

Mineurs mariés administrent leurs biens, mais ils ne les peuvent pas aliener.

Homme & Femme, conjoints par mariage, sont réputés usans de leurs droits, *pour avoir administration de leurs biens*, a *& non pour vendre, engager, ou aliener leurs immeubles pendant leur minorité.* b

Cet Article étoit le 117.

a Et disposer de leurs meubles, Article 272.

b Ainsi on ne peut pas faire valablement un rachat à un Mineur, quoique marié, sans l'autorité de son Curateur.

ARTICLE CCXL.

Continuation de communauté, faute de faire valable Inventaire.

Quand l'un des deux Conjoints par mariage va de vie à trépas, & délaisse aucuns enfans mineurs dudit mariage, *a* si le Survivant des deux Conjoints ne fait faire Inventaire *avec personne capable & legitime Contradicteur*, des biens qui étoient communs durant ledit mariage, & au tems du trépas, soit meubles, ou conquêts immeubles; l'enfant, ou enfans survivans, peuvent si bon leur semble, demander communauté en tous les biens, meubles, & conquêts immeubles du Survivant. *b* Posé qu'icelui Survivant se remarie.

Cet Article est au lieu du 118.

a *Secus*, s'ils sont d'un autre lit, ou ils sont majeurs ; toutefois les Majeurs uroient droit dans la continuation de ommunauté, par le moyen de leurs oheritiers mineurs, qui l'auroient denaudée.

b Faits pendant la continuation de la communauté, jusqu'à ce qu'il ait fait inventaire avec personne capable & legitime contradicteur, ce qu'il peut faire quand *il* veut.

Ce droit de demander la continuation de la communauté passe aux heritiers des enfans mineurs ; recours à mon Commentaire.

Voyez les trois articles suivans.

ARTICLE CCXLI.

L'Inventaire doit être clos dans trois mois, après qu'il aura été fait.

Et pour la dissolution de la communauté, il faut que ledit Inventaire soit fait & parfait, & à la charge de faire clore ledit Inventaire par le Survivant, trois mois après qu'il aura été fait ; a *autrement, & à faute de ce faire par le Survivant, est la communauté continuée, si bon semble aux enfans.*

Voyez l'Article précedent, & le suivant.

a Toutefois la Veuve qui n'a pas fait clore l'Inventaire qu'après les trois mois, n'est pas tenuë des dettes, au cas qu'elle ait renoncé à la communauté; parce qu'il suffit pour cet effet qu'il soit fait & parfait.

Que si le Survivant avoit rendu compte à ses enfans, étans majeurs, quoiqu'il n'eût pas fait clore l'Inventaire, toutefois ils ne pourroient pas par après au tems de sa mort prétendre la continuation de la communauté.

ARTICLE CCXLII.

Pour quelles portions la communauté est continuée, si le Survant se remarie.

Si le Survivant se remarie, ladite communauté est continuée entr'eux pour un tiers, tellement que les enfans a *ont un tiers, le mari & la femme chacun un autre tiers.*

Et si chacun d'eux a enfans d'autre precedent mariage, ladite communauté se continuë par quart : Et est ladite communauté multipliée, s'il y avoit d'autres lits, & se partit également, en sorte que les enfans de chacun mariage ne font qu'un chef en ladite communauté. b *Le tout au cas qu'ils n'eussent fait Inventaire, comme dessus est dit.* c

a Mineurs *quod supplendum* ; voyez la note sur l'Article 240. lettre *a*, & l'Article précedent.

b Voyez l'Article suivant.

c En l'Article 240.

ARTICLE CCLXIII.

Quid juris, si quelques-uns des Enfans meurent.

Si aucun des Enfans qui ont continué la communauté, meurt, ou tous fors un, les Survivans, ou le Survivant d'iceux enfans continuent ladite communauté, & pren-

nent autant que ſi tous leſdits enfans étoient vivans. a

a C'eſt une exception remarquable des Articles 311. & 314. car en ce cas les pere & mere ne ſuccedent pas à leurs enfans.

Il en eſt de même du doüaire, lequel n'eſt augmenté par la mort d'aucuns enfans, par l'Article 254.

ARTICLE CCXLIV.

Rente acquittée par l'un des Conjoints, eſt réputée conquêt.

Quand aucune rente dûë par l'un des Conjoints, par mariage, ou ſur ſes heritages, auparavant leur mariage, eſt rachetée par leſdits deux Conjoints, ou l'un d'eux, conſtant ledit mariage, tel rachat eſt réputé conquêt.

Cet Article étoit le 119.

ARTICLE CCXLV.

Suite de l'Article précedent.

Et eſt tenu l'Heritier, ou Dé-

tempteur a *de l'heritage, sujet à la rente, continuer la moitié* b *de ladite rente, & payer les arrerages du jour du décès, jusqu'à l'entier rachat.*

a C'est-à-dire, l'heritier du predecedé des Conjoints, ou le Survivant Proprietaire de l'heritage hypothequé à la rente rachetée.

b Toutefois si la rente étoit dûe par la femme, & quelle eût renoncé à la communauté, elle seroit obligée au total de la rente.

ARTICLE CCXLVI.

Si l'immeuble donné à l'un des Conjoints tombe en communauté.

Chose immeuble donnée à l'un des Conjoints pendant leur mariage, à la charge qu'elle sera propre au Donataire, ne tombe en communauté. Mais si elle est donnée simplement à l'un des Conjoints, elle est commune, a *fors & excepté les donations faites en ligne directe, lesquelles ne tombent en communauté.*

a Quoique

a Quoique faite à l'heritiet présomptif en collaterale, soit par donation entre-vifs, ou par derniere volonté. Mais il peut renoncer au legs qui lui seroit fait, pour être heritier, & pour empêcher par ce moyen que les immeubles de la succession qui lui écheroient, ne tombassent dans la communauté.

TITRE XI.

Des Doüaires.

ARTICLE CCXLVII.

Doüaire contumier a lieu, quoiqu'il soit obmis au Contrat de Mariage.

FEmme mariée est doüée de Doüaire coutumier; posé que par exprès au traité de son Contrat de Mariage ne lui eût été constitué, ne octroyé aucun Doüaire. *a*

Cet Article étoit le 135.

a Mais elle n'a pas le choix, s'il ne lui est accordé, suivant l'Article 261.

ARTICLE CCXLVIII.

En quoi consiste le Doüaire Coutumier.

Doüaire coutumier est de la moitié [a] des heritages que le mari tient, & possede au jour des épousailles, & *bénédiction nuptiale*: Et de la moitié des heritages, qui depuis la consommation dudit mariage, & pendant icelui, [b] échéent, & adviennent en ligne directe [c] audit mari.

Cet Article étoit le 136.

a En usufruit pour la femme, par l'Article 263. la propriété appartenant aux enfans, Article 249. & 255. ou aux heritiers collateraux du mari, s'il n'y a point d'enfans, Article 263. à moins que par le Contrat, la propriété n'en soit accordée à la femme *deficientibus liberis*.

Cet Article n'a lieu que pour le premier mariage, pour celui du second lit. Voyez l'Article 253.

b Toutefois, quant aux enfans issus du mariage, il est aussi de la moitié des biens qui échéent à leur pere en ligne directe après la mort de leur pere ; comme il a été jugé par l'Arrêt cité dans mon Commentaire, lequel est juridique, quoique plusieurs prétendent le contraire.

c Ascendante, & non descendante.

ARTICLE CCXLIX.

Le Doüaire Coutumier est propre aux enfans.

Le Doüaire coutumier de la femme est le propre heritage des enfans venant dudit mariage : a en telle maniere que les pere & mere desdits enfans, dès l'instant de leur mariage, ne le peuvent vendre, engager, ni hypothequer, au préjudice de leurs enfans. b

Cet Article étoit le 137.

a *Item*, Du doüaire préfix, Article 155.

b Ensorte que les enfans le peuvent revendiquer quand il y a lieu, Article 255. & 256. contre tous Acquereurs, au cas qu'ils renoncent à la succession de leur pere, Article 251. & que la mere ne soit pas obligée à la garantie ; car l'action des enfans heritiers de leur mere cesseroit.

Ce terme *enfans* s'entend, tant des enfans au premier degré, que des petits enfans, & autres en degré inferieur, de sorte que les petits enfans peuvent demander le doüaire de leur ayeule, supposé que leur pere ou leur mere soit décedé avant que le doüaire eût lieu, sans reconnoître les dettes de leur pere ou mere ; ou ils peuvent se porter heritiers de leur ayeul.

Ce doüaire est préferé au droit d'aînesse, Article 17.

Pour la prescription du doüaire. Voyez l'Article 117.

ARTICLE CCL.

Le Doüaire appartient aux enfans renonçans, sans charge de dettes, & n'y a droit d'aînesse.

Si les enfans venant dudit mariage ne se portent heritiers de leur pere, & s'abstiennent de prendre sa succession ; [a] en ce cas ledit Doüaire appartient ausdits enfans purement & simplement, ſans payer aucunes dettes, procedant du fait de leur pere, *créées depuis ledit mariage.* b *Et ſe partit le Doüaire, ſoit préfix, ou coutumier entr'eux, ſans droit d'aîneſſe, ou prérogative.*

a Car nul n'eſt heritier & doüairier, Article 251.

b *Idem*, De celles créées avant le mariage, qui ne ſont que perſonnelles, & non hypothequaires.

ARTICLE CCLI.

On ne peut être Heritier & Doüairier de ſon pere.

Nul ne peut être heritier, & doüairier enſemble, à pour le regard du Doüaire coutumier, ou préfix.

a En ſorte que les enfans, heritiers de de leur pere, prennent les biens ſujets au doüaire en qualité d'heritiers, en payant les dettes de leur pere. Voyez l'Article précedent, & le ſuivant.

ARTICLE CCLII.

Doüairier doit rapporter, ou moins prendre.

Celui qui veut avoir le Doüaire, doit rendre, & restituer ce qu'il a eu, & reçû en mariage, & autres avantages a *de son pere, ou moins prendre sur le Doüaire.*

a Lesquels il seroit tenu rapporter à la succession, au cas qu'il fût heritier.

ARTICLE CCLIII.

Du Doüaire Coutumier, quand il y a plusieurs enfans.

Quand le pere a été marié plusieurs fois, le Doüaire coutumier des enfans du premier lit, est la moitié des immeubles qu'il avoit, lors dudit premier mariage, & qui lui sont advenus pendant icelui mariage en ligne directe. Et le Doüaire coutumier des enfans du second lit, est le quart desdits im-

meubles ; enſemble moitié, tant de la portion des conquêts appartenans au mari, faits pendant ledit premier mariage, que des acquêts par lui faits depuis la diſſolution dudit premier mariage, a *juſqu'au jour de la conſommation du ſecond, & la moitié des immeubles qui lui échéent en ligne directe pendant ledit ſecond mariage.* b *Et ainſi conſequemment des autres mariages.*

a Que s'il y a contination de communauté, au cas de l'Article 240. le doüaire du ſecond lit n'eſt que du quart deſdits acquêts; parce que la moitié en appartient aux enfans du premier lit.

b Ou pendant la viduité du premier.

ARTICLE CCLIV.

Le Doüaire Coutumier n'eſt augmenté par la mort des enfans du premier lit, &c.

Si les enfans du premier mariage meurent avant leur pere pendant le ſecond mariage, la veuve,

& autres enfans dudit ſecond mariage, les ſurvivans n'ont que tel Doüaire qu'ils euſſent eu, ſi les enfans dudit premier mariage étoient vivans. Tellement que par la mort des enfans dudit premier mariage, le Doüaire de la femme, & enfans dudit ſecond mariage, n'eſt augmenté. Et ainſi conſéquemment des autres mariages.

Voyez l'Article précedent.

ARTICLE CCLV.

Doüaire préfix eſt propre aux enfans.

Le Doüaire conſtitué par le mari, ſes parens, ou autres de par lui, eſt le propre heritage aux enfans iſſus dudit mariage; pour d'icelui jouir après le trépas de pere *a* & mere, incontinent que Doüaire a lieu. *b*

Cet Article étoit le 139.

a Et non de ſon vivant, quoiqu'il ſoit condamné à mort civile, ainſi les enſans n'en peuvent pas diſpoſer du vivant de leur peré, & il n'eſt point obligé aux dettes par eux contractées, qu'après la mort.

b Ces termes, *incontinent que doüaire a lieu*, ſont ſuperflus, puiſque le doüaire a lieu pour les enfans, dès que leur pere & mere ſont décedés, aux cas qu'ils renoncent.

ARTICLE CCLVI.

Si le Doüaire ſaiſit, &c.

Doüaire, *ſoit* coutumier, *ou préfix*, ſaiſit, *ſans qu'il ſoit beſoin de le demander en Jugement: & courent les fruits & arrerages du mari.* a

Cet Article eſt au lieu du 140. abrogeant le 141.

a Contre les heritiers du mari; *Secùs*, quand aux Acquereurs de bonne foi, leſquels ne doivent les fruits que du jour de la conteſtation en cauſe.

Secùs, du don mutuel, Art. 285.

Voyez l'Article 117. & 249.

ARTICLE CCLVII.

Du Doüaire préfix d'une somme de deniers, au cas du don mutuel.

La femme douée du Doüaire préfix d'une somme de deniers pour une fois, ou d'une rente, si durant le mariage est fait don mutuel, jouit, après le trépas de son mari, par usufruit, de la part des meubles & conquêts de sondit mari. Et sur le surplus des biens dudit mari, [a] *prend sondit Doüaire, sans aucune diminution, ne confusion.*

[a] S'il n'a point d'autres biens, ses heritiers ne sont pas obligés de fournir le doüaire *de suo*.

Voyez l'Article 260.

ARTICLE CCLVIII.

Des contre-Lettres contre les Contrats de Mariage.

Toutes contre-Lettres faites à

part, & hors la présence des parens qui ont assisté aux Contrats de Mariage, sont nulles. a

a Parce que tout avantage est deffendu, hors le Contrat de mariage, par l'Article 282.

ARTICLE CCLIX.

Doüaire d'une somme de deniers, comment réputé mobilier.

Doüaire d'une somme de deniers pour une fois payer, venuë aux enfans, a *est réputé mobilier, & perd la nature de Doüaire; & y succedent les plus proches heritiers mobiliaires.*

a Quoiqu'ils décedent en minorité, & l'Article 94. n'y est pas contraire, en sorte que la mere y succede à ses enfans, comme heritiere mobiliaire, à l'exclusion de leurs freres & sœurs.

ARTICLE CCLX.

Le Doüaire préfix se prend sur la part du mari en la communauté.

Doüaire préfix, soit en rente,

ou deniers se prend sur la part du mari, sans aucune confusion de la communauté, & hors part.

Voyez l'Article 257.

ARTICLE CCLXI.

Si la femme a le Doüaire préfix & coutumier.

Femme douée de doüaire préfix, ne peut demander doüaire coutumier, s'il ne lui est permis par son traité de mariage.

Voyez l'Article 248.

ARTICLE CCLXII.

Réparations viageres, ausquelles la Doüairiere est obligée.

La femme qui prend Doüaire coutumier, est tenuë d'entretenir les heritages de réparations viageres, qui sont toutes réparations d'entretenement, hors les quatre gros Murs, Poutres, & entieres couvertures, & voûtes.

a Ainsi que tout autre Usufruitier, comme du Gardien, Article 267. *in fine.*

ARTICLE CCLXIII.

Le Doüaire préfix retourne aux heritiers du mari, après le décès de la Veuve.

Le Doüaire, *soit en espece, rente*, ou deniers promis à une femme, n'est qu'à la vie de la femme tant seulement, s'il n'y a enfans nés & procréés du mariage : Et doit tel doüaire, après le trépas de la femme, revenir aux heritiers du mari, s'il n'y a Contrat au contraire. *a*

Cet Article étoit le 144.

a Accordant à la femme le doüaire préfix sans retour.

ARTICLE CCLXIV.

De la caution pour le Doüaire.

Et au cas que ladite femme ne se remarie, aura délivrance de sondit Doüaire a *à sa caution juratoire.*

b *Mais si elle convole en un autre mariage, sera tenuë bailler bonne & suffisante caution.*

a Coutnmier, ou préfix.

b Pour le don mutuel, il faut caution suffisante, Article 285.

TITRE XII.

Des Gardes nobles, & bourgéoises.

ARTICLE CCLXV.

Qui peut accepter la Garde noble.

IL est loisible aux pere, mere, ayeul ou ayeule nobles, *a* demeurans dedans la Ville de Paris, ou dehors, *b* accepter la Garde noble de leurs enfans, aprés le trépas de l'un d'eux.

Cet Article, & les 266, 267, & 268. sont au lieu des 99. & 101.

a Quoique vivans roturierement, pourvû qu'ils ne soient point déclarés déchûs de leur état.

Que si l'ayeul paternel & l'ayeul maternel concouroient ensemble, l'ayeul du côté du dernier décedé auroit la garde, & à son refus, elle passeroit à l'autre.

b Mais dans l'étenduë de la Coutume.

ARTICLE CCLXVI.

De la Garde bourgeoise.

Pareillement est permis aux pere & mere, a Bourgeois de Paris, b prendre, & achepter la Garde bourgeoise, & administration de leurs enfans mineurs, après le décès de l'un d'eux.

a Ainsi l'ayeul & l'ayeule en sont exclus.

b Ayant leur domicile dans la Ville de Paris, ou dans les Fauxbourgs, Article 267.

Voyez l'Article précedent.

ARTICLE CCLXVII.

Des Emolumens, & charges des Gardiens.

Le Gardien noble, demeurant

hors la Ville de Paris, ou dedans la Ville, & Fauxbourgs d'icelle, & pareillement le Gardien bourgeois, a l'administration des meubles, & fait les fruits siens durant ladite garde de tous les immeubles, tant heritages, que rentes, appartenans aux Mineurs, *a* assis en la Ville, ou dehors; à la charge de payer, & acquitter par ledit Gardien, les dettes, *b* & arrerages des rentes *c* que doivent lesdits Mineurs; les nourrir, alimenter, & entretenir, selon leur état & qualité; payer, & acquitter les charges annuelles que doivent lesdits heritages, & iceux heritages entretenir de toutes réparations viageres; & enfin desdits Gardes, rendre lesdits heritages en bon état.

Cet Article a été mis au lieu des 99. & 110.

a Au tems de la garde, ou qui lui sont échûs en ligne directe pendant icelle.

b Personnelles & mobiliaires; mais non

non pas des legs faits par le prédecedé.

c Tant constituées, que foncieres.

Article CCLXVIII.

Quand finissent les Gardes nobles & bourgeoises.

La Garde noble, dure aux enfans mâles, jusqu'à vingt ans, & aux femelles, jusqu'à quinze ans accomplis : Et la Garde bourgeoise dure aux enfans mâles, jusqu'à quinze ans, & aux femelles, jusqu'à douze ans finis & accomplis : le tout pourvû que lesdits pere & mere, ayeul ou ayeule, ne se remarient point; auquel cas la Garde est finie.

Cet Article est au lieu de 99. & 100.

Article CCLXIX.

De l'acceptation des Gardes nobles & bourgeoises.

La Garde noble, ou bourgeoise, se doit accepter en Jugement, &

est tenu le Gardien noble, ou bourgeois, faire faire inventaire; & outre celui qui a la Garde bourgeoise, doit bailler caution. *a*

Cet Article est au lieu des 100. & 102.

a Ainsi que le Donataire mutuel, Article 280.

ARTICLE CCLXX.

Tuteurs, & Curateurs sont élûs pendant la Garde.

Pendant ladite Garde noble, ou bourgeoise, sont élûs Tuteurs & Curateurs ausdits Mineurs, si besoin est, pour intenter, deffendre, & déduire les actions réelles & personnelles, autres que pour les fruits & revenus échûs pendant ladite Garde noble; & lesdits Gardiens n'étant Tuteurs, ne les peuvent intenter, & déduire. *a*

Cet Article est au lieu du 103.

Voyez l'Article suivant.

a Et le Gardien n'ayant pas la Tutelle,

est obligé de fournir aux frais pour les procès intentés pour les biens sujets à la garde.

ARTICLE CCLXXI.

Gardiens peuvent être Tuteurs.

Celui qui a la Garde noble, ou bourgeoise, peut être Tuteur, ou Curateur; a *& sont les deux qualités compatibles en une même personne.*

Voyez l'Article précedent.

a Mais celui qui a accepté la Tutelle sans protestation, ne peut pas demander la Garde noble ou bourgeoise.

TITRE XIII.

Des donations, & don mutuel.

ARTICLE CCLXXII.

Qui peut donner entre-vifs, quoi, & à qui.

IL est loisible à toute personne âgée *de vingt-cinq ans accomplis,*

& saine d'entendement, donner, & disposer par donation, & disposition faite entre-vifs, de tous ses meubles, & heritages propres, acquêts, & conquêts, à personne capable. a *Et néanmoins celui qui se marie*, b *ou qui a obtenu bénefice d'âge enteriné en Justice*, *peut*, *ayant l'âge de vingt ans accomplis*, *disposer de ses meubles.* c

Cet Article est au lieu des 97. & 98.

a *Salvâ liberorum legitimâ*. Voyez ceux qui sont incapables de recevoir en l'Article 276.

b Quoiqu'il n'ait pas vingt ans : ainsi ces termes, *ayant l'âge de vingt ans accomplis* ne se rapportent pas à celui qui est marié, en sorte que la construction de la fin de cet Article n'est pas fort juste ; recours à mon Commentaire.

Voyez l'Article 239.

Article CCLXXIII.

Donner, *&* *retenir*, *ne vaut.* a

Cet Article étoit le 160.

a C'est pour empêcher les fraudes qui

ſe pouvoient commettre, ſous prétexte de donations que les Donateurs pourroient encore révoquer, après les avoir faites.

ARTICLE CCLXXIV.

Interprétation de l'Article précedent.

C'eſt donner, & retenir, quand le Donateur s'eſt reſervé la puiſſance de diſpoſer librement de la choſe par lui donnée, ou qu'il demeure en poſſeſſion, juſqu'au jour de ſon decès.

a Quoique tacitement, comme s'il ſe reſervoit la minute du Contrat.

Voyez l'Article ſuivant.

ARTICLE CCLXXV.

Interprétation des deux Articles precedens.

Ce n'eſt donner, & retenir, quand l'on donne la propriété d'aucun heritage, retenu à ſoi l'uſufruit à vie, ou à tems; *ou quand il y a clause de constitut , ou proprietaire :* Et vaut telle donation.

Voyez les Articles précedens.

ARTICLE CCLXXVI.

Si les Mineurs, & autres en puissance d'autrui, peuvent donner, ou tester, & au profit de qui.

Les Mineurs , & autres personnes étant en puissance d'autrui , ne peuvent donner , ou tester directement ou indirectement [a] *au profit de leurs Tuteurs , Curateurs , Pedagogues , ou autres Administrateurs , pendant le tems de leur administration, & jusqu'à ce qu'ils ayent rendu compte.* [b] *Peuvent toutefois disposer au profit de leur pere , mere , ayeul ou ayeule , ou autres ascendans , encore qu'ils soient de la qualité susdite. Pourvû que lors du Testament , & decès du Testateur , lesdits pere , mere , ou autres aſcendans ne ſoient remariés.*

Cet Article eſt tiré de l'Ordonnance de l'an 1539. Article 131. & il contient une exception de l'Article 272.

a Comme en donnant à perſonnes interpoſées.

b Quoique, lors de la donation, les Donateurs ſoient majeurs de ving-cinq ans.

ARTICLE CCLXXVII.

Comment donations conçuës entre-vifs, ſont réputées à cauſe de mort, & teſtamentaires.

Toutes donations, encores qu'elles ſoient conçuës entre-vifs, faites par perſonnes giſſans au lit, malades de la maladie, dont ils decedent, ſont réputées faites, à cauſe de mort, & teſtamentaires, & non entre-vifs. a

a Ainſi elles doivent être revêtuës des formalités requiſes pour les Teſtamens, ſur peine de nullité; recours à mon Commentaire.

Je crois que la déciſion de cet Article

doit être étenduë au cas de la mort civile causée par la profession monachale, quoiqu'il y ait Arrêt au contraire.

ARTICLE CCLXXVIII.

Des choses réputées données en avancement d'hoirie.

Meubles, *a* ou immeubles donnés par pere ou mere à leurs enfans, sont réputés donnés en avancement d'hoirie.

Cet Article étoit le 159.

a Ce qui se doit entendre des meubles sujets à rapport; recours à mon Commentaire. Touchant les rapports. Voyez l'Article 304. & suivans.

ARTICLE CCLXXIX.

Disposition, & succession de femme qui se remarie, ayant enfans.

Femme convolant en secondes, ou autres nôces, ayant enfans, ne peut avantager son second mari, de ses propres, & acquêts, plus que l'un de ses enfans. a *Et quant aux conquêts faits avec ses précedens maris, n'en peut disposer aucunement, au préjudice des portions dont les enfans desdits premiers mariages pourroient amender de leur mere.* b *Et neanmoins succedent les enfans des subsequens mariages ausdits conquêts, avec les enfans des mariages précedens, également venans à la succession de leur mere. Comme aussi les enfans des précedens lits succedent pour leurs parts & portions aux conquêts faits pendant & constant les subsequens mariages. Toutefois si ledit mariariage est dissolu, ou que les enfans du précedent mariage descendent, elle en peut disposer comme de sa chose.* c

Cet Article a été tiré de l'Edit des secondes nôces du mois de Juillet 1560.

a Le moins prenant.

Le nombre des enfans, tant du premier que du second lit, se considere au tems du décès de la Donatrice.

b *Idem*, A l'égard du mari pour les conquêts faits pendant un premier mariage.

c Et la disposition qu'elle en auroit faite même de leur vivant au profit de son second mari, seroit valable, si les enfans du premier lit venoient à mourir avant elle.

ARTICLE CCLXXX.

Du don mutuel entre Mariés.

Homme & femme, conjoints par mariage, étant en santé, peuvent, & leur loist faire donation mutuelle *a* l'un à l'autre également de tous leurs biens, meubles, & conquêts immeubles, faits durant & constant leur mariage, & qui sont trouvés à eux appartenir, & être communs entr'eux à l'heure du trépas du premier mourant *b* desdits Conjoints, pour en jouir par le Survivant d'iceux conjoints sa vie durant seulement, *c* en baillant par lui caution suffisante *d* de restituer lesdits biens après son trépas, pourvû qu'il n'y ait enfans, *soit des deux Conjoints, ou de l'un d'eux*, e *lors du decès du premier mourant.* f

Cet Article étoit le 155.

a Et égale.

b De mort naturelle.

c *Secus*, quand il est stipulé sans retour par le Contrat de mariage ; car au Survivant appartient en pleine propriété toute la communauté.

Cette caution ne se peut remettre, si ce n'est quand le don est fait par Contrat de mariage, & qu'il est convenu que le Survivant sera déchargé de bailler caution.

e. Toutefois il sera valable, si le Survivant en avoit d'un premier lit, & que le prédecedé n'en eût point ; recours à mon Commentaire.

f Et partant le don est nul, quoique les enfans meurent peu après le décès du prédecedé de ses pere & mere.

ARTICLE CCLXXXI.

Convention licite des pere & mere, mariant leurs enfans.

Pere & mere mariant leurs en-

fans, peuvent convenir que leursdits enfans laisseront jouir le Survivant de leursdits & *mere, des meubles,* & *conquêts du prédécedé,* a *la vie durant du Survivant, pourvû qu'ils ne se remarient.* b *Et n'est réputé tel accord avantage entre lesdits Conjoints.*

a C'est-à-dire, de la part des biens de la communauté qui appartenoit au prédecedé, & il est obligé de faire inventaire desdits biens de la communauté, vû que ce n'est qu'un usufruit qui lui est accordé.

Cet accord n'oblige que ceux d'entre les enfans qui y ont consenti par leurs Contrats de mariage.

b Et si le Survivant se remarie, il est obligé de donner à ses enfans ce qui leur appartient des biens de la communauté, comme heritiers du prédecedé.

ARTICLE CCLXXXII.

Mariés ne se peuvent avantager, que par don mutuel.

Homme & femme, conjoints

par mariage, constant icelui, ne se peuvent avantager l'un l'autre par donation entre-vifs, par Testament, *a* ou ordonnance de derniere volonté, ni autrement, directement, ni indirectement, en quelque maniere que ce soit, sinon par don mutuel, & tel que dessus. *b*

Cet Article étoit le *156*.

a En sorte que le Testament fait avant le mariage par l'un desdits Conjoints au profit de l'autre demeure nul à l'égard de ce qui lui est donné, à moins que le don qui y auroit été fait, ne fût accepté par le Contrat de mariage.

b Pour en jouir par usufruit seulement par le Survivant, en baillant caution; car il ne peut être stipulé sans retour, que par Contrat de mariage.

ARTICLE CCLXXXIII.

Les Conjoints, par mariage, ne peuvent donner aux enfans l'un de l'autre.

Ne peuvent lesdits Conjoints

donner aux enfans l'un de l'autre d'un premier mariage, au cas qu'ils, ou l'un d'eux, a ayent enfans.

a Nonobstant la disposition de cet Article, a été jugé que celui qui n'a point d'enfans, peut valablement donner aux enfans de l'autre; recours à mon Commentaire.

ARTICLE CCXXXIV.

Si le don mutuel saisit, s'il doit être insinué, & s'il est révocable.

Un don mutuel de soi ne saisit, *mais est sujet à délivrance. Et pour être valable, doit être insinué dans les quatre mois du jour du Contrat,* a *& l'insinuation faite par l'un d'eux, vaut pour tous deux. Après laquelle insinuation ledit don mutuel n'est révocable, sinon du consentement des deux Conjoints.*

Cet Article étoit le 157.

a Il peut être insinué après le quatriéme mois, du consentement des Parties; même pendant la maladie de l'un des Conjoints, de laquelle il décederoit : *Imò*, Quant à la femme, elle le peut faire insinuer dans les quatre mois, à compter du jour du décès de son mari.

ARTICLE CCLXXXV.

Des fruits, & de la caution au cas du don mutuel.

Le Donataire mutuel ne gagne les fruits, que du jour qu'il a présenté caution suffisante, & demeurent les fruits à l'heritier, jusqu'à ladite caution présentée : a *laquelle caution il peut présenter en Jugement, dès la premiere assignation.*

a *Secus*, du doüaire pour lequel la caution juratoire est suffisante, Article 274.

ARTICLE CCLXXXVI.

Des frais que doit avancer le Donataire mutuel.

Le Donataire mutuel est tenu

avancer, & payer les obſeques & funerailles du premier décedé; enſemble la part & moitié des dettes communes dûës par ledit premier décedé. Leſquelles obſeques & funerailles, & moitié des dettes, lui doivent être déduites ſur la part & portion dudit premier décedé. *a* *Toutefois n'eſt tenu payer les legs, & autres diſpoſitions teſtamentaires.*

Cet Article étoit le 158.

a Que ſi le don mutuel eſt ſans retour, les frais funeraires ſe payent ſur les autres biens par les heritiers, parce que c'eſt une dette qui les concerne, & s'il n'y en a point, c'eſt au Donataire mutuel à les payer. Mais quant aux dettes de la communauté, elles ſe payent par le Donataire mutuel.

ARTICLE CCLXXXVII.

De quelles réparations, & charges eſt tenu le Donataire mutuel.

Auſſi eſt tenu celui qui veut jouir du

du don mutuel, faire faire réparations viageres, étant à faire sur les heritages sujets audit don mutuel: a *& payer les cens, & charges annuelles; & les arrerages, tant de rentes foncieres, que des autres rentes constituées pendant la communauté, échûës depuis la jouissance dudit don mutuel, sans esperance de les recouvrer.*

a De même que la Veuve qui jouit du doüaire Coutumier, Article 262. & que tout autre Usufruitier.

ARTICLE CCLXXXVIII.

Nouvelle prisée des meubles, sujets au don mutuel.

L'Heritier peut demander à l'encontre dudit Donataire, que nouvelle prisée soit faite des meubles, par gens dont ils conviendront, pour être lesdits meubles prisés à la juste estimation, autre que celle faite par l'Inventaire: & en ce faisant, ledit Donataire mutuel au-

ra la jouissance desdits meubles, a sans qu'il soit tenu les faire vendre.

a Pour être restitués, l'usufruit étant fini, tels qu'ils se trouveront, ou leur estimation, au cas qu'ils n'existent plus.

TITRE XIV.

Des Testamens, & executions d'iceux.

ARTICLE CCLXXXIX.

De la forme & division des Testamens.

POur réputer un Testament solemnel, est nécessaire qu'il soit écrit, & signé du Testateur; ou qu'il soit passé pardevant deux Nôtaires, ou pardevant le Curé de la Parroisse du Testateur, ou son Vicaire Général, & un Notaire; ou dudit Curé, ou Vicaire, & trois Témoins; ou d'un Notaire, &

deux Témoins : iceux Témoins idoines, ſuffiſans, mâles, & âgés de vingt ans accomplis, & non Légataires : *a* Et qu'il ait été dicté, & nommé par le Teſtateur auſdits Notaires, Curé, ou Vicaire Général ; & depuis à lui relû en la préſence d'iceux Notaires, Curé, ou Vicaire Général, & Témoins ; & qu'il ſoit fait mention audit Teſtament qu'il a été ainſi dicté, nommé & relû ; & qu'il ſoit ſigné par ledit Teſtateur, & par les Témoins : ou que mention en ſoit faite de la cauſe pour laquelle ils n'ont pû ſigner. *b*

Cet Article eſt au lieu de l'Article *96.* changé.

a Autrement le Teſtament ſeroit nul, à moins que le legs fût modique, & que la cauſe en fût favorable, comme il a été jugé.

b Ajoûtez, quant au Teſtament non olographe, *& qu'il ſoit daté* ; car autrement il ſeroit nul.

Article CCXC.

Des Vicaires qui reçoivent des Testamens.

Sont tenus iceux Curés, de bailler Lettres de Vicariat General, & icelles faire enregister ès Greffes Royaux, pour le regard des Parroisses assises ès Villes, & où il y a Juge Royal; & ès autres lieux en la Justice ordinaire d'iceux, avant que les Vicaires puissent recevoir aucun Testament.

Voyez l'Article précedent, & le suivant.

Article CCXCI.

Des Registres de Baptêmes, Mariages, Testamens, & Sépultures.

Sont aussi tenus lesdits Curés, & Vicaires Generaux, de porter, & faire mettre de trois mois en trois mois, ès Greffes comme dessus, les

Registres des Baptêmes, Mariages, Testamens, & Sepultures; sur peine de tous dépens, dommages & interêts: Et pour ce, ne doivent rien payer au Greffe.

Voyez l'Article précedent, & l'Ordonnance de l'an 1667. Titre 20. Article 8.

ARTICLE CCXCII.

Qui peut tester, au profit de qui, & de quels biens.

Toutes personnes saines d'entendement, âgées, & usant de leurs droits, peuvent disposer par Testament, & ordonnance de derniere volonté, *a* de tous leurs biens meubles, acquêts, & conquêts immeubles, & de la cinquiéme partie de tous leurs propres heritages, & non plus avant, *b encore que ce fût pour cause pitoyable.*

Cet Article est tiré des 92. & 93.

Voyez les trois Articles suivans.

a Pour l'incapacité de recevoir. Voyez l'Article 276, 279, 282, & 283.

b Autrement le legs est nul, & il ne se peut pas prendre sur les meubles, ou acquêts.

ARTICLE CCXCIII.

De l'âge requis pour tester.

Pour tester des meubles, acquêts, & conquêts immeubles, il faut avoir accompli l'âge de vingt ans, & pour tester du quint des propres, il faut avoir accompli l'âge de vingt-cinq ans. a

Voyez l'Article précedent, & le suivant.

a Pour l'âge, pour tester, on considere seulement la Coutume du domicile ordinaire du Testateur; mais quant aux biens dont on peut disposer, on a égard à celle où les heritages sont situés.

ARTICLE CCXCIV.

Limitation de l'Article 293.

Toutefois, si le Testateur n'a

meubles, acquêts, ni conquêts immeubles, peut audit cas tester du quint de ses propres, après vingt ans accomplis.

Voyez les deux Articles précedens, & le suivant.

ARTICLE CCXCV.

Les quatre quints des propres appartiennent aux Heritiers, & ils en sont saisis par la Coutume.

Si l'Heritier se veut contenter de prendre les quatre quints des propres, & abandonner a *les meubles, acquêts, & conquêts immeubles, avec le quint desdits propres à tous les Légataires, faire le peut: en quoi faisant, il demeurera saisi desdits quatre quints, & lesdits Légataires prendront le surplus, les dettes toutefois préalablement payées sur tous les biens de l'heredité.*

a Au cas qu'il soit seul heritier; car

s'il n'est heritier que des propres, la délivrance du legs des meubles, & acquêt, doit être faite par celui qui en est heritier, ou par l'Executeur testamentaire, quant aux legs des meubles, Article 297.

Il faut encore ajoûter, pourvû que le Legataire ne fût pas un des enfans; car le le legs des propres à lui fait seroit valable, *Salvâ aliis legitimâ*, Article 298. recours au Digeste, Tit. *de collatio*, page 270. *in fine*.

ARTICLE CCXCVI.

Le Mari ne peut être que de la moitié des conquêts.

Le mari, par son Testament, ou ordonnance de derniere volonté, a ne peut disposer des biens meubles, & conquêts immeubles, communs entre lui & sa femme, au préjudice de ladite femme, ni de la moitié qui lui peut appartenir en iceux, b par le trépas de sondit mari.

C'étoit le 94.

a *Secus*, par Actes entre-vifs, Article 225.

b Toutefois la diſpoſition ſeroit valable, ſi la femme renonçoit à la communauté ; recours à mon Commentaire ſur l'Article.225.

ARTICLE CCXVII.

Des Executeurs Teſtamentaires.

Les Executeurs *a* teſtamentaires ſont ſaiſis durant l'an & jour du trépas du deffunt, des biens meubles demeurés de ſon décès, pour l'accompliſſement de ſon Teſtament, ſi le Teſtateur n'avoit ordonné que ſes Executeurs fuſſent ſaiſis de ſommes certaines ſeulement. *Et eſt tenu ledit Executeur de faire inventaire en diligence, a ſitôt que le Teſtament eſt venu à ſa connoiſſance ; l'heritier préſomptif préſent, ou dûement appellé.*

Cet Article étoit le 65.

a Et faire vendre les meubles à la maniere ordinaire.

ARTICLE CCXCVIII.

De la légitime des Enfans.

La légitime est la moitié de telle part & portion que chacun enfant eût euë en la succession desdits pere & mere, ayeul, ou ayeule; ou autres ascendans, si lesdits pere & mere, & autres ascendans n'eussent disposé par donation entre-vifs, ou derniere volonté, a sur le tout déduit les dettes, & frais funeraux.

a Soit au profit de quelques-uns de leurs enfans, ou d'étrangers; en sorte même que la dot donnée à la fille est sujette à la legitime des autres enfans, Article 307.

Elle est préferée au droit d'aînesse, Article 15.

TITRE XV.

De succession en ligne directe, & collaterale.

ARTICLE CCXCIX.

Si l'institution d'Heritier a lieu.

INstitution d'Heritier n'a lieu, *c'est-à-dire, qu'elle n'est requise, & necessaire pour la validité d'un Testament: mais ne laisse de valoir la disposition,* a *jusqu'à la quantité des biens, dont le Testateur peut valablement disposer par la Coutume.*

Cet Article étoit le 120.

a Comme legs. Voyez l'Article 291. & suivans.

ARTICLE CCC.

Aucun ne peut être Heritier.

& Légataire d'un deffunt ensemble.

Cet Article étoit le 121.

a Au préjudice de ses Coheritiers. *Secus*, des étrangers; recours à mon Commentaire.

ARTICLE CCCI.

Peut toutefois entre-vifs être Donataire, & Heritier en ligne collaterale a

a Non en ligne directe, à cause du rapport, Article 304.

ARTICLE CCCII.

Si les Enfans succedent également.

Les Enfans, heritiers d'un deffunt, viennent également à la succession d'icelui deffunt, fors, & excepté les heritages tenus en Fief, ou Franc-Aleu, noble, selon la limitation mentionnée au titre des Fiefs.

Cet Article étoit le 121.

a Article 13. & suivans.

ARTICLE CCCIII.

Les Enfans heritiers ne peuvent être avantagés les uns plus que les autres.

Pere & Mere ne peuvent par donation faite entre-vifs, par Testament, & ordonnance de derniere volonté, ou autrement, en quelque maniere que ce soit, *a* avantager leurs enfans, venant à leurs successions les uns plus que les autres.

Cet Article étoit le 124.

a Soit par donation entre-vifs, ou par legs, Article 304. Voyez l'Article 307.

ARTICLE CCCIV.

Du rapport en partage.

Les Enfans venant à la succession de pere ou mere, doivent rapporter ce qui leur a été donné, *a* pour avec les autres biens de ladite succession, être mis en partage d'entr'eux, ou moins prendre.

Cet Article est au lieu du 123.

a Par la raison de l'Article 278.

Item, Ce qui a été donné à leurs enfans, Article 306.

ARTICLE CCCV.

Forme du rapport des Heritages.

Si le Donataire, lors du partage, a les heritages à lui donnés, en sa possession, il est tenu les rapporter en essence, ou espece, ou moins prendre en autres heritages de la succession de pareille valeur, & bonté. a *Et faisant ledit rapport en espece, doit être remboursé par ses Coheritiers des impenses utiles & necessaires. Et si lesdits Coheritiers ne veulent rembourser lesdites impenses, en ce cas le Donataire est tenu rapporter seulement l'estimation d'iceux heritages, eu égard au tems que division & partage est fait entr'eux; déduction faite desdites impenses.*

Voyez l'Article précedent, & les quatre suivans.

a Et partant, s'il n'y a point d'autres heritages, il est obligé à rapport en espece, à moins que les autres enfans ne veulent bien recevoir récompense en argent.

ARTICLE CCCVI.

Du rapport de ce qu'ont reçû les Enfans des Heritiers.

Pareillement ce qui a été donné aux enfans de ceux qni sont heritiers, a *& viennent à la succession de leur pere, mere, ou autres ascendans, est sujet à rapport, ou à moins prendre.*

a Soit par Actes entre-vifs, ou par derniere volonté; car le legs fait au petit-fils, le pere étant heritier, est valable, mais sujet à rapport.

Voyez les Articles 304. & 308.

ARTICLE CCCVII.

On se peut tenir à son don, la légitime reservée aux autres.

Néanmoins, où celui auquel on

auroit donné, se voudroit tenir à son don, faire le peut, en s'abstenant de l'herédité; la légitime reservée aux autres. a

a Voyez l'Article 298. & 330.

Article CCCIII.

Du rapport à la succession de l'Ayeul, ou Ayeule.

L'Enfant ayant survécu ses pere & venant à la succession de ses ayeul, ou ayeule survivans lesdits pere & mere, encore qu'il renonce à la succession de sesdits pere & mere, est néanmoins tenu rapporter à la succession de sesdits ayeul, ou ayeule, tout ce qui a été donné à sesdits pere & mere, par lesdits ayeul, ou ayeule; ou moins prendre. a

a Et s'il y avoit d'autres freres ou sœurs renonçans à la succession de l'ayeul, il seroit obligé d'y rapporter tous les avantages qu'ils en auroient reçûs.

Voyez l'Article 306.

Article

ARTICLE CCCIX.

Du rapport des Fruits.

Les fruits de la chose donnée par pere & mere, ayeul, ou ayeule, soit heritages, ou rentes, ne se rapportent, sinon du jour de la succession échûë : Et s'il y a deniers laissés, les profits se rapportent depuis ledit tems, à raison du denier vingt.

ARTICLE CCCX.

La portion de celui qui renonce, accroît aux autres, sans droit d'aînesse.

Le droit & part de l'enfant, qui s'abstient, & renonce à la succession de ses pere ou mere, accroît aux autres enfans heritiers, *sans aucune prérogative d'aînesse, de la portion qui accroît.* a

Cet Article étoit le 127.

a Les termes qui ont été ajoûtés, sont

inutiles, & doivent être rayés; recours à mon Traité des Fiefs.

Voyez l'Article 27.

Article CCCXI.

Les Ascendans succedent aux meubles, acquêts, & conquêts immeubles des Descendans.

Pere & mere succedent à leurs enfans, nés en loyal mariage, s'ils vont de vie à trépas sans hoirs de leurs corps, aux meubles, *a* acquêts, *b* & conquêts immeubles. *Et en défaut d'eux, l'ayeul ou l'ayeule, & autres Ascendans.* c

Cet Article étoit le 128.

a Exception de ce en l'Article 238. Voyez la note, lettre *c*.

b Exception en l'Article 243. Voyez la note.

c A l'exclusion des freres & sœurs du décedé.

Voyez les Articles 313, 314, & 315.

ARTICLE CCCXII.

Propres ne passent point aux Ascendans d'une ligne en une autre.

En sucession en ligne directe propre heritage ne remonte ; *a & n'y succedent les pere & mere, ayeul ou ayeule.*

Cet Article étoit le 126.

a Pour les faire sortir de la ligne, sinon quand il n'y a point d'heritiers des propres ; ou quand les pere & mere sont parens de la ligne.

ARTICLE CCCXIII.

Ascendans succedent aux choses par eux données.

Toutefois succedent ès choses par eux données à leurs enfans, décedans sans enfans, & descendans d'eux. a

a C'est-à-dire sans Descendans de leurs enfans.

Voyez les deux Articles suivans.

ARTICLE CCCXIV.

De l'usufruit des pere & mere, & de la réversion de biens.

Les pere & mere jouissent par usufruit des biens délaissés par leurs enfans, qui ont été acquis par lesdits pere & mere, & par le décès de l'un d'eux, advenus à l'un de leursdits enfans, encore qu'ils soient, & ayent été faits propres ausdits enfans. Au cas toutefois que lesdits enfans décedent sans enfans, & descedans d'eux. a *Et après le décès desdits pere & mere qui ont joui desdits biens par usufruits, lesdits biens retournent aux plus proches parens desdits enfans, desquels procedent lesdits biens.*

a C'est-à-dire, au cas que lesdits enfans ne laissent ni freres, ni sœurs, suivant l'Article 230. *in fine* & l'Article suivant. Au contraire dans l'Article précedent, les pere & mere sont préferés aux freres & sœurs, parce qu'il s'agit du droit de retour, plûtôt que de succession.

ARTICLE CCCXV.

Cas auquel les Ayeuls succedent en propriété.

Si le fils fait acquisition d'heritages, ou autres biens immeubles, & il décede, délaissant à son enfant lesdits heritages ; & ledit enfant décede après sans enfans, & descendans de lui, & sans freres & sœurs, l'ayeul ou l'ayeule succedent ausdits heritages en pleine proprieté ; & excluent tous autres collateraux.

Voyez les Articles 230, 311, & les deux suivans.

ARTICLE CCCXVI.

Il ne se porte heritier, qui ne veut. *a*

C'étoit le 130.

a Si ce n'est à la poursuite des Créanciers, mais à leurs périls & fortunes.

ARTICLE CCCXVII.

Comment on fait acte d'heritier.

Et neanmoins si aucun prend, & apprébende les biens d'un deffunt, ou partie d'iceux, quelle qu'elle soit, [a] *sans avoir autre qualité, ou droit de prendre lesdits biens ou partie, il fait acte d'heritier,* [b] *& s'oblige en ce faisant à payer les dettes du deffunt: & supposé qu'il lui fût dû aucune chose par le deffunt, il le doit demander, & se pourvoir par Justice, autrement s'il prend de son autorité, il fait acte d'heritier.*

a Ou qu'il cede son droit successif à quelqu'un.

b Au cas qu'il n'ait pas renoncé auparavant; car ayant renoncé, il ne fait plus acte d'heritier, à moins qu'il n'en fasse quelqu'un qu'il ne puisse faire, sinon en qualité d'heritier, comme s'il faisoit la foi & hommage au Seigneur, &c.

ARTICLE CCCXVIII.

Le mort saisit le vif, son hoir *plus proche, & habile à lui succeder.* a

Cet Article étoit le 132.

a C'est une regle générale par toute la France; c'est pourquoi les Légataires, quoique Proprietaires des choses leguées par la disposition du Testateur, sont obligés d'en demander la délivrance à l'heritier.

ARTICLE CCCXIX.

En ligne directe, a *représentation a lieu infiniment, & en quelque degré que ce soit.*

a C'étoit le 133.

Ce qui ne s'entend que des Descendans, & non pas des Ascendans.

ARTICLE CCCXX.

Quand représentation a lieu en ligne collaterale.

En ligne collaterale, représen-

tation a lieu, quand les Neveux ou Niéces viennent à la succession de leur Oncle ou Tante, avec les freres & sœurs du décedé; & audit cas de représentation, les Représentans succedent par souches, & non par têtes.

Voyez les Articles 323, 326, & 328.

ARTICLE CCCXXI.

Succedans en pareil degré, succedent également.

Mais si les Neveux en semblable degré, viennent de leur chef, & non par représentation, ils succedent par têtes, & non par souches: Tellement que l'un ne prend non plus que l'autre.

Voyez l'Article suivant, & les 327, 328, & 339.

ARTICLE CCCXXII.

En Fief, les mâles venans de filles, ne représentent point avec leurs Oncles.

Toutefois, les mâles venans d'une fille, a *& succedans, comme dit est, par représentation, ne prennent aucune chose ès Fiefs délaissés par le trépas de leur Oncle & Tante, non plus que leur mere eût fait, venant à succession avec ses freres.*

a Ni les filles venans de mâles. Voyez l'Article précedent, le 25. & le 326.

ARTICLE CCCXXIII.

La Tante succede avec les enfans du frere aux fiefs.

Et si en ladite succession collaterale, il y a Fiefs, les enfans des freres n'excluent leurs Tantes, sœurs du deffunt; mais y succe-

dent leſdites Tantes de leur chef, comme étant les plus proches avec les enfans des freres. Et s'ils ſont pluſieurs enfans a *de frere, ils ſuccedent ſeulement pour une tête avec leur Tante.*

a Mâles, *quod ſupplendum*, parce que la femelle n'herite point aux Fiefs avec mâles en pareil degré, Article 25.

ARTICLE CCCXXIV.

Du droit d'aîneſſe en ſucceſſion d'ayeul.

Les enfans du fils aîné, ſoient mâles ou femelles, ſurvivans leur pere, venans à la ſucceſſion de leur ayeul ou ayeule, repréſentent leurdit pere au droit d'aîneſſe. Et s'il n'y a que filles, elles repréſentent leur pere toutes enſemble pour une tête, audit droit d'aîneſſe, *a* & ſans droit d'aîneſſe entr'elles. *b*

Cet Article eſt au lieu du 134.

a Voyez l'Article 13. & suivans.
b Voyez l'Article 19.

ARTICLE CCCXXV.

De la Succession des Collateraux aux meubles, & acquêts immeubles.

En ligne collaterale, les plus proches parens d'un enfant décedé sans hoirs, lui succedent, quant aux meubles & acquêts immeubles, *a sans exclure toutefois les enfans des freres & sœurs, venans par représentation, comme il est dit ci-dessus.* b

Cet Article est au lieu du 145. changé.
a *Secus*, quant aux propres, Article 326.
b Article 320.

ARTICLE CCCXXVI.

Succession collaterale des propres.

Et quant aux propres heritages,

lui succedent les parens qui sont les plus proches du côté & ligne, dont sont advenus, & échûs au deffunt desdits heritages; encore qu'ils ne soient plus proches parens du deffunt. [a] Fors, & excepté qu'en Fiefs le mâle exclut les femelles en pareil degré: [b] *sans aussi exclure les enfans des freres & sœurs venans par représentation, comme dessus.* [c]

Cet Article est au lieu du 147.

a Et qu'ils ne soient descendus de l'Acquereur, Article 141. & 329.

b Article 25.

c Article 320.

ARTICLE CCCXXVII.

De la Succession collaterale, pour biens roturiers.

Les Heritiers d'un deffunt en ligne collaterale, partissent, & divisent également entr'eux par têtes, *& non par souches*, [a] les biens & succession dudit deffunt, tant meubles, qu'heritages non tenus & mouvans en Fief. *b*

C'étoit le 146.

a Sinon, au cas où la représentation a lieu, Article 320. & 328.

Il faut supposer la distinction entre les propres & les autres biens, établie dans les Articles 325. & 326.

b Desquels le mâle exclut la femelle. Voyez les Articles 25, 323, & 324.

Article CCCXXVIII.

Neveux succedent avec leur Oncle ou Tante, par représentation.

Excepté les enfans de frere & sœur qui partissent, & font tous ensemble une tête, au lieu de pere & mere, s'ils succedent avec leur Oncle, & entr'eux ils partissent également. a

Voyez les Articles 320. & 321.

a En sorte néanmoins que les filles ne prennent rien dans les Fiefs avec leurs freres, par l'Article 25.

ARTICLE CCCXXIX.

Et sont réputés Parens du côté & ligne, supposé qu'ils ne soient descendus de celui qui a acquis l'heritage. a

a Toutefois ceux qui sont descendus de l'Acquereur, sont préferés; recours à mon Commentaire. *Idem*, du Retrait lignager, Article 141.

ARTICLE CCCXXX.

Quand ceux du côté & ligne défaillent, succedent ceux de l'autre côté.

Et s'il n'y a aucuns heritiers du côté & ligne dont sont venus les heritages, ils appartiennent au plus prochain & habile à succeder, de l'autre côté & ligne, en quelque degré que ce soit. a

a A l'exclusion du Seigneur Haut-Justicier; toutefois les Collateraux qui ne sont pas de la ligne, sont exclus par les pere & mere, & autres Ascendans.

ARTICLE CCCXXXI.

Le droit d'aineſſe n'a lieu en collaterale.

En ligne collaterale, les heritages tenus & mouvans en Fief, ſe partiſſent, & diviſent entre Coheritiers, *a* ſans droit, ou prérogative d'aîneſſe. *b*

Cet Article étoit le 148.

a Les filles excluſes en pareil degré, Article 25. & 326.

b *Idem*, en directe entre les filles, Article 19. & 324. *in fine.*

ARTICLE CCCXXXII.

Comment les Heritiers d'un deffunt contribuent aux dettes de la ſucceſſion.

Les Heritiers d'un Deffunt en pareil degré, tant en meubles, qu'immeubles, ſont tenus perſonnellement de payer & acquitter les dettes de la ſucceſſion, chacun pour telle part & portion qu'ils ſont heritiers d'icelui deffunt, *quand ils succedent également.* a

Cet Article étoit le 150.

a Car quand ils succedent inégalement, ils payent les dettes, *pro rata emolumenti*, Article 324.

Toutefois ils sont obligés chacun hypothecairement pour le tout, sauf le recours, Article 333.

ARTICLE CCCXXXIII.

Obligation solidaire contre les Heritiers possesseurs d'heritages hypotequés.

Toutefois, s'ils sont détempteurs d'heritages qui ayent appartenu au deffunt, lesquels ayent été obligés, & hypothequés à la dette par ledit deffunt, chacun des heritiers est tenu payer le tout, a *sauf son recours contre ses Coheritiers.* b

a Mais il se délivre de cette obligation solidaire en déguerpissant.

b Voyez l'Article précedent.

ARTICLE

ARTICLE CCCXXXIV.

Heritiers contribuent aux dettes, à raiſon de l'émolument.

Et quand ils ſuccedent les uns aux meubles, acquêts & conquêts, les autres aux propres; ou qu'ils ſont Donataires ou Légataires univerſels, ils ſont tenus entr'eux contribuer au payement des dettes, chacun pour telle part & portion qu'ils en amendent. a *En quoi ne ſont compris les aînés en ligne directe, leſquels ne ſont tenus des dettes perſonnelles* b *en plus que les autres Coheritiers, pour le regard de leurdite aîneſſe.* c

a Avec cette difference que les Donataires, ou Légataires univerſels ne ſont tenus que ſelon la portion qu'ils amandent, mais que les heritiers ſont obligés pour le tout.

b *Secus*, des dettes réelles & foncieres: *Idem*, du doüaire Coutumier.

c Il faut dire le contraire, quand en

collaterale les mâles excluent les femelles, Article 335.

ARTICLE CCCXXXV.

Quid où il y a Fief & roture en collaterale.

En Succession collaterale, quand il y a mâles & femelles succedans en fief & roture, chacun paye pour portion de l'émolument. a

a quoique l'aîné ne paye pas plus que ses puînés, à raison du droit d'aînesse, Article 334.

ARTICLE CCCXXXVI.

Les Parens & Lignagers des Evêques, & autres Gens d'Eglise séculiers, leur succedent. a

Cet Article étoit le 151.

a *Idem*, de celui qui a été Religieux avant sa promotion : *Secus*, pour les choses acquises au nom de l'Eglise.

ARTICLE CCCXXXVII.

Religieux & Religieuses Profez

ne ſuccedent à leurs Parens, ni le Monaſtere pour eux.

Cet Article étoit le 152.
a Ni les Chevaliers de Malthe, ni les Jeſuites, ni les Hermites.

Article CCCXXXVIII.

L'Oncle ſuccede au Neveu avant le Couſin-Germain. *a*

Cet Article étoit le 153.
a *Quia proximior gradu.*

Article CCCXXXIX.

L'Oncle & le Neveu du Deffunt ſuccedent également.

L'Oncle & le Neveu d'un deffunt, qui n'a délaiſſé frere, ni ſœur, ſuccedent également, comme étant en même degré; & ſans qu'audit cas il y ait repréſentation. a

a Ainſi la ſucceſſion ſe partage en autant de parties égales, qu'il y a d'Oncles & de Neveux du deffunt, excepté quant aux propres, au cas que les uns ou les autres ne fussent de la ligne.

ARTICLE CCCXL.

Freres & Sœurs succedent également.

Freres & sœurs, supposé qu'ils ne soient que de pere ou de mere, succedent également avec les autres freres & sœurs de pere & de mere, à leur frere ou sœur, aux meubles, *acquêts*, & conquêts immeubles. a

Cet Article étoit le 154.

a *Idem*, des propres échûs du côté & ligne duquel les freres & sœurs sont conjoints. Voyez l'Article suivant, & les 325. & 326.

ARTICLE CCCXLI.

Ce que dessus a lieu aux Oncles & autres Parens collateraux, qui ne sont joints que d'un côté.

Voyez l'Article précedent.

ARTICLE CCCXLII.

Heritier simple n'exclut pas le béneficiaire en ligne directe.

L'Heritier en ligne directe, qui se porte heritier par bénéfice d'Inventaire, n'est exclus par autre Parent qui se porte heritier simple. a

a *Secus*, en ligne collaterale, Article suivant, excepté qu'en propre l'heritier d'une ligne ne peut pas exclure celui d'une autre ligne.

ARTICLE CCCXLIII.

Si le Mineur peut exclure l'Heritier bénéficiaire.

Le Mineur qui se porte heritier simple, a *ne peut exclure l'heritier par bénéfice d'Inventaire,* b [*qui est en plus proche degré.* c]

a En collaterale; recours à mon Commentaire. Voyez l'Article précedent, qui en dispose autrement en ligne directe.

b A cause du bénéfice de restitution dont il peut se servir.

c Ces termes, *qui est*, &c. sont inutils, & même ils causent une absurdité dans cet Article, ainsi ils doivent être rayés.

ARTICLE CCCXLIV.

Comment l'Heritier bénéficiaire & le Curateur aux biens vacans font vendre les Meubles.

L'Heritier par bénéfice d'Inventaire, ou Curateur aux biens vacans d'un deffunt, ne peut vendre les biens meubles de la succession ou curatelle, sinon en faisant publier la vente devant la principale Porte de l'Eglise de la Parroisse où le deffunt demeuroit, à issuë de Messe Parroissiale, & délaissant une Affiche contre la porte de la maison du deffunt.

a La formalité prescrite par cet Article, n'est pas observée.

TITRE XVI.

Des criées.

ARTICLE CCCXLV.

De la Saisie, & des Criées des Fiefs.

PAr la Coutume, & style de la Prevôté & Vicomté de Paris, pour la validité des criées des Fiefs, Seigneuries, & Terres nobles, il faut se transporter sur les lieux; & il suffit saisir les principaux manoirs de chacun Fief, & Seigneurie, avec les appartenances & dépendances, sans qu'il soit besoin les déclarer par tenans & aboutissans, ni autrement entrer esdits manoirs; & faut que lesdits Fiefs, Seigneuries, & Terres nobles, soient nommés, tant par la main mise, qu'en la premiere criée,

& outre déclarer les cauſes de la ſaiſie. *b*

Cet Article, & tous les autres de ce Titre, ſont au lieu des 187, 188, 189, & 190.

a Autrement elle ſeroit nulle : il faut encore que l'Exploit de ſaiſie ſoit contrôlé ſur les lieux, ſur peine de nullité, par Arrêt du Conſeil d'Etat du 21 Mars 1676.

b Et ſur qui elle eſt faite.

ARTICLE CCCXLVI.

Saiſies & criées des Terres roturieres.

Quant aux Terres roturieres, il les faut déclarer par le menu, tenans & aboutiſſans, tant par la main-miſe, qu'en la premiere criée, & les cauſes de la ſaiſie.

Voyez l'Article précedent.

ARTICLE CCCXLVII.

Saiſies & criées de rente ſur l'Hôtel de la Ville de Paris.

Quand une Rente conſtituée ſur

l'Hôtel de la ville de Paris est saisie, & mise en criée, faut faire les criées & proclamations devant la principale Porte de l'Eglise Parroissiale dudit Hôtel-de-Ville, & mettre Affiches & Pannonceaux contre les Portes de ladite Eglise, & Hôtel-de-Ville.

Cet Article ne s'observe pas, parce que par l'Edit du mois de Mars 1673. on prend des Lettres de ratification, qui purgent les hypotheques.

ARTICLE CCCXLVIII.

Saisies & criées de rentes constituées sur un Particulier.

Et quand une Rente constituée par un Particulier est saisie & mise en criées, il suffit faire les criées devant la principale Porte de l'Eglise Parroissiale du Saisi, Créancier de ladite rente; & faut mettre Affiches, & Pannonceaux, tant contre la Maison dudit Saisi, qu'en la principale Porte de ladite Eglise,

& Parroiſſe dudit Saiſi, Créancier de la rente.

ARTICLE CCCXLIX.

Saiſies & criées des rentes foncieres.

Quant aux Rentes foncieres, les criées doivent être faites en la même forme que les heritages ſujets auſdites rentes. [a]

[a] Voyez les Articles 345. & 346.

ARTICLE CCCL.

Saiſies & criées d'Office Royal, comptable en la Chambre des Comptes de Paris.

Quand un Office eſt ſaiſi & mis en criées, ſi ledit Office eſt Royal, & la proviſion d'icelui priſe du Roi, & ledit Office comptable en la Chambre des Comptes à Paris, les criées ſe doivent faire devant la principale Porte de l'Egliſe

Saint Barthelemy, Parroiſſe de la Chambre des Comptes, & les Affiches & Pannonceaux être mis, tant contre la principale Porte de ladite Egliſe, que contre la Maiſon où eſt demeurant le Débiteur, au cas qu'il ſoit demeurant en la Ville, ou Fauxbourgs.

Voyez l'Article ſuivant, & le 95.

ARTICLE CCCLI.

Criées des autres Offices.

Et pour le regard des autres Offices, [a] ſe doivent faire les criées en la Parroiſſe du Siége, dont dépend, & ſe fait le principal exercice dudit Office.

Voyez l'Article précedent.

a Excepté les Offices de Judicature.

ARTICLE CCCLII.

Des criées faites, le Débiteur demeurant hors la Ville de Paris.

Et ſi le Debiteur eſt demeurant

hors la Ville, & Fauxbourgs de Paris, il faut, outre la solemnité susdite, faire les criées, & quatre quatorzaines en la Parroisse du domicile du Débiteur saisi; & mettre Affiches & Pannonceaux, tant contre la principale Porte de l'Eglise Parroissiale, que contre la Maison du Débiteur saisi.

Voyez l'Article précedent.

ARTICLE CCCLIII.

Etablissement de Commissaire en saisie réelle.

En toute chose saisie, & mise en criées, il faut établir Commissaires: *a* Et ès Offices où il y a gages, sera établi Commissaire, pour recevoir les fruits.

a Voyez l'Ordonnance de l'an 1667. Titre des Sequestres.

ARTICLE CCCLIV.

Des oppositions, & quand elles doivent être formées.

Si on veut s'oppoſer, afin de diſtraire, ou annuller, ou afin de faire adjuger à quelque charge, telle oppoſition ſe doit former auparavant l'adjudication, & non après. Mais l'oppoſition afin de conſerver droit pour être mis en ordre ſur le prix, eſt reçuë juſqu'à ce que le droit ſoit levé, & ſcellé.

ARTICLE CCCLV.

Pour quels droits le Seigneur féodal doit s'oppoſer.

Le Seigneur féodal, ou Cenſier, n'eſt tenu s'oppoſer aux criées pour ſon droit de Fief, ou Cenſives : *a* mais eſt entendu l'adjudication par decret être faite à la charge deſdits droits de Fief, ou

Censive ; fors, & excepté pour le regard des arrerages ou profits féodaux précedans l'adjudication, pour lesquels lesdits Seigneurs sont tenus de s'opposer, autrement en sont exclus. *b*

a Article 257.
b Suivant l'Article 358.

ARTICLE CCCLVI.

Quand on peut former une opposition sur le prix.

Toutefois, si aucun avoit omis à s'opposer afin de distraire, ou de faire adjuger l'heritage à quelque charge, il peut s'opposer pour venir sur le prix avant le Decret levé & scellé, & non après : & doit ledit Decret être vingt-quatre heures ès mains du Scelleur, avant que le sceller.

ARTICLE CCCLVII.

Et où lesdites redevances se-

voient de chef cens, n'est besoin d'opposition. a

a Ainsi faut s'opposer pour rente fonciere, & non rachetable, pour droits de Champart, & autres droits extraordinaires.

Voyez l'Article 355. & 358.

ARTICLE CCCLVIII.

Seigneurs sont tenus s'opposer pour droits casuels.

Comme aussi sont tenus lesdits Seigneurs eux opposer pour droits de quints, reliefs, ventes & amendes, & autres droits Seigneuriaux qu'ils veulent prendre sur l'heritage décreté : a & en ce faisant sont preferés à tous autres Créanciers.

Voyez les Articles 355. & 357.

a Dûs par le Saisi, ou par ses Prédecesseurs dans l'heritage décreté.

ARTICLE CCCLIX.

De l'ajournement à voir adjuger, & comment courent les quarante jours.

Avant que proceder à l'adjudication des choſes ſaiſies, eſt requis que le Saiſi ſoit ajourné, parlant à ſa perſonne, *a* pour voir adjuger par Decret quarante jours après le Jugement donné; leſquels quarante jours ne courent que du jour de la premiere Affiche miſe. Et où l'on ne pourroit parler à la perſonne dudit Saiſi, ſuffit de faire l'ajournement au domicile du Saiſi, & Prône de l'Egliſe Parroiſſiale du lieu où l'heritage eſt aſſis, avec Affiche à la principale Porte de ladite Egliſe.

a Ou à ſon Tuteur, ou Curateur, au cas qu'il ſoit en Tutelle, ou Curatelle.

ARTICLE

ARTICLE CCCLX.

Opposans doivent élire domicile.

Les Opposans aux criées, élisans domiciles, sont tenus nommer leursdits domiciles en certain lieu de la Ville, ou du lieu où les criées sont poursuivies. Et déclarer la ruë & l'enseigne, ou autre marque publique & certaine, pour être appellés à la distribution du prix. Lequel domicile n'est fini par la mort du Procureur, ou autre, en la maison duquel auroit été ledit domicile élû. Et valent tous Exploits de significations, & autres faits audit domicile sur l'exécution du Decet, tant pour l'ordre, que distribution de deniers.

ARTICLE CCCLXI.

Forme de proceder en exécution du decret.

Lesdits Opposans aux criées,

ſont tenus dans la huitaine après ſignification à eux faire aux domiciles par eux élûs, ou à leurs perſonnes, de porter leurs titres pardevers le Commiſſaire commis pour fonder leurs oppoſitions ; à tout le moins dans un ſecond délai, qui ſera encore de huitaine pour tous délais : Et à faute de ce faire, doit le Commiſſaire proceder à l'ordre des Oppoſans qui auront fourni de leurs titres, ſans avoir égard aux hypotheques, & oppoſitions des Défaillans. Sur lequel ordre le Saiſi, & Oppoſans mis en ordre, oüis dedans une autre huitaine pour tous délais, doit être procedé à la diſtribution, ſelon que ledit ordre eſt accordé.

ARTICLE CCCLXII.

Du renvoi ſur les differens, & de la diſtribution cependant.

S'il y a differend entre aucuns

Oppoſans, pour raiſon dudit ordre, ſera fait renvoi entre tels Oppoſans ſeulement, ſans comprendre, au renvoi qui ſera délivré, les oppoſitions, dires & remontrances, & ce qui auroit été fait avec les autres oppoſans : Et néanmoins on procede à la diſtribution entre les autres Oppoſans, reſervant les deniers appartenans aux Oppoſans renvoyés, venans en ordre.

FIN.

PRIVILEGE DU ROI.

LOUIS, par la grace de Dieu, Roi de France & de Navarre : A nos amés & féaux Conseillers, les Gens tenans nos Cours de Parlement, Maîtres des Requêtes ordinaires de notre Hôtel, Grand-Conseil, Prevôt de Paris, Baillifs, Sénéchaux, leurs Lieutenans Civils, & autres nos Justiciers qu'il appartiendra. SALUT. Nous considérons, à l'exemple de nos Prédecesseurs, les Ouvrages qui tendent à la perfection des Sciences, comme un des premiers objets de notre attention ; mais parmi le grand nombre de Livres qui se composent journellement, ceux qui traitent de la Jurisprudence, nous paroissent mériter une distinction particuliere : Nous sçavons que par leurs secours, les Magistrats & les Juges, & tous ceux qui ont quelque part dans l'administration de la Justice, se rappellent avec plus de facilité les maximes qui doivent servir de décision aux contestations qui peuvent naître entre nos Sujets. Et comme notre cher & bien amé CLAUDE-JOSEPH DE FERRIERE, Doyen des Professeurs en la Faculté des Droits de Paris, Nous a fait remontrer que feu Claude de Ferriere son Pere, Professeur en la Faculté des Droits de Reims, auroit donné au Public plusieurs Ouvrages de Jurisprudence, qui ont été reçûs avec toute l'approbation possible; mais qu'il conviendroit qu'aucun ne fût réimprimé, sans quelques augmentations & corrections qui peuvent être nécessaires pour les amener à leur perfection, que d'ailleurs l'Exposant auroit toujours tâché par son application continuelle à l'étude de la Jurisprudence Canonique, Civile, & Françoise, de se mettre en état de suivre les traces de son Pere, en consacrant ses veilles pour l'utilité publique; soit par les augmentations & les corrections qu'il a faites sur quelques Ouvrages de son Pere, soit par ceux qu'il a mis déja lui-même au jour, ou ausquels il travaille actuellement: Mais craignant que d'autres ne voulussent entreprendre d'imprimer, ou faire imprimer lesdits Ouvrages, ce qui lui causeroit un préjudice considerable, & le pourroit priver du fruit de ses travaux; il Nous auroit très-humblement fait supplier de vouloir bien lui accorder nos Lettres de Privilege, tant pour la réimpression des Ouvrages de feu son Pere, que des siens qui sont imprimés, ou à imprimer. A CES CAUSES, voulant favorablement traiter l'Exposant, & le récompenser en quelque façon du zéle qu'il Nous témoigne avoir pour l'utilité publique, & à Nous procurer des Livres dont les éditions & la lecture ne peuvent être que très-utiles pour l'avancement des Sciences & des Belles Lettres; Nous lui avons permis, & accordé, permettons, & accordons par ces Présentes, de faire imprimer & réimprimer par tels Libraires, ou Imprimeurs qu'il choisira, les Oeuvres de feu son Pere, & les siens, contenant. *La Jurisprudence du Digeste, du Code, des Novelles, & des Décretales; l'Institution Coutumiere dudit Claude de Ferriere; son nouveau Commentaire sur la Coutume de Paris, & aussi la Compilation de tous les Commentateurs Anciens & Modernes sur cette Coutume; les Oeuvres de Bacquet, avec des Commentaires, & le Traité du Patronage; la Science parfaite des Notaires, & aussi un nouveau Protocole pour les Commençans; l'Introduction à la Pratique, & au Droit Canonique; la Nouvelle Traduction des Institutes, avec l'histoire du Droit Romain; le Dictionnaire du Droit Canonique, suivant le Droit Canon, & les Usages de France: Paratitla in Libros Digestorum & Codicis & in Novellas, nec non in quinque Libros Decretalium, novaque & methodica Institutionum Juris Civilis & Canoni-*

ci tractatio; en tels volumes, forme, marge, caractere, conjointement ou séparément, & autant de fois que bon lui semblera, & de les faire vendre, & débiter par tout notre Royaume, pendant le tems & espaces de vingt-cinq années consécutives, à compter du jour de la date desdites Présentes. A condition néanmoins que ces Présentes ne porteront aucun préjudice aux Libraires ou Imprimeurs qui ont un Privilege particulier de quelques-uns des Livres ci-dessus énoncés pour le tems qu'il leur restera à en jouir; & qu'ainsi ils en jouiront jusqu'à ce qu'ils soient expirés. Faisons défenses à toutes sortes de personnes, de quelque qualité & condition qu'elles soient, d'en introduire d'impression étrangere dans aucun lieu de notre Royaume, Pays, Terres, & Seigneuries de notre obéïssance. Comme aussi à tous Libraires, Imprimeurs & autres, d'imprimer, faire imprimer, vendre, faire vendre, débiter, ni contrefaire aucuns desdits Livres ci-dessus specifiés, en tout, ni en partie, ni d'en faire aucuns extraits, sous quelque prétexte que ce soit, d'augmentation, correction, changement de titre, même de traduction étrangere, ou autrement, sans la permission expresse & par écrit dudit Exposant, ou de ceux qui auront droit de lui, à peine de confiscation des Exemplaires contrefaits, de six mille livres d'amende contre chacun des Contrevenans, dont un tiers à Nous, un tiers à l'Hôtel-Dieu de Paris, l'autre tiers au Dénonciateur, & de tous dépens, dommages & interêts; à la charge que ces Présentes seront enregistrées tout au long sur le Registre de la Communauté des Libraires & Imprimeurs de Paris, & ce dans trois mois de la datte d'icelles; que l'impression de ces Livres sera faite dans notre Royaume & non ailleurs, en beau papier, & beaux caracteres, conformément aux Réglemens de la Librairie; & qu'avant que de les exposer en vente, les Manuscrits ou Imprimés qui auront servi de copie à l'impression desdits Livres, seront remis dans le même état où les Approbations auront été données, ès mains de notre très-cher & féal Chevalier, Chancelier de France, le Sieur Daguesseau; & qu'il en sera ensuite remis deux Exemplaires de chacun dans notre Bibliotheque publique, un dans celle de notre Château du Louvre, & un dans celle de notredit très-cher & féal Chevalier, Chancelier de France, le Sieur Daguesseau; le tout à peine de nullité des Présentes: Du contenu desquelles vous mandons, & enjoignons de faire jouir l'Exposant, ou ses ayans cause, pleinement & paisiblement, sans souffrir qu'il leur soit fait aucun trouble, ou empêchement. Voulons que la Copie desdites Présentes, qui sera imprimée tout au long au commencement, ou à la fin desdits Livres, soit tenuë pour dûëment signifiée, & qu'aux Copies collationnées par l'un de nos amés & féaux Conseillers & Secretaires, foi soi ajoûtée comme à l'Original. Commandons au premier notre Huissier ou Sergent, de faire pour l'exécution d'icelles tous Actes requis & nécessaires, sans demander autre permission, & nonobstant clameur de Haro, Chartre Normande, & Lettres à ce contraires. CAR tel est notre plaisir. DONNE' à Paris le neuviéme jour du mois de Janvier l'an de grace mil sept cent vingt-un, & de notre Regne le sixiéme. Signé, par le Roi en son Conseil, CARPOT.

Registré sur le Registre IV. de la Communauté des Libraires & Imprimeurs de Paris, page 713. N°. 772. *conformément aux Réglemens, & notamment à l'Arrêt du Conseil du 13. Août 1703. A Paris le 26 Mars 1721.*

Signé, DELAULNE, Syndic.

Le Sieur de Ferriere a cedé pour toujours son droit au présent Privilege, pour la *Coutume de Paris*, seulement au Sieur THEODORE LE GRAS, Libraire à Paris, suivant l'accord fait entr'eux.

Et ledit Sieur le Gras, a associé au présent Privilege, Messieurs DAVID, DUMESNIL, MOUCHET, Veuve PRUDHOMME, SAUGRAIN, Fils, D'ESPILLY, DE NULLY, CLOUZIER, LE CLERC, Fils, DE BATS, ROUY, BRUNET, Fils.

De l'Imprimerie de CLAUDE-FR. SIMON, Fils. 1740.

AVIS.

On trouve chez le même Libraire.

L'Ordonnance de Louis XIV. de 1667. sur les Matieres Civiles, augmentée des Edits, Déclarations, & Arrêts, intervenus en explication d'icelle, *in*-24.

L'Ordonnance de Louis XIV. de 1669. pour les Committimus, Gardes, Gardiennes, *in*-24.

L'Ordonnance de Louis XIV. de 1670. pour les Matieres Criminelles, augmentée des Edits, Déclarations, & Arrêts, intervenus sur cette matiere, *in*-24.

L'Ordonnance de Louis XIV. de 1673. augmentée des Edits, Déclarations, & Arrêts, intervenus sur cette matiere, *in*-24.

Les Ordonnances de Louis XV. concernant les Donations, les Insinuations, les Testamens; le Faux principal, le Faux incident, la Reconnoissance des écritures & signatures en matiere criminelle; les Evocations, & les Réglemens de Juges, servant de supplement à celles de Louis XIV. *in*-24.

Les Conferences de Bornier, sur les mêmes Ordonnances, considerablement augmentées, tant des Edits, Déclarations, Arrêts du Conseil, qu'autres matieres sur lesdites Ordonnances, par M *** Avocat en Parlement, *in*-4. 2. *vol.*

Les Stiles universels sur les Ordonnances Civile de 1667. & Criminelle de 1670. à l'usage de toutes les Cours & Jurisdictions du Royaume, concernant les formules & instructions pour les procedures en matiere civile & criminelle, par Mr. Gauret, *in*-4. 2 *vol.*

Les mêmes, *in*-12. 2 *vol.*

Conference de l'Ordonnance de Louis XIV. du mois d'Août 1669. sur le fait des Eaux & Forêts, avec celle des Rois Prédecesseurs de Sa Majesté, nouvelle Edition, augmentée considerablement, *in*-4. 2 *vol.*

De la maniere de poursuivre les crimes dans les differens Tribunaux du Royaume, avec tous les Réglemens rendus jusqu'à présent sur les Matieres Criminelles, *in*-4. 2 *vol.*

Le Journal des Audiences, nouvelle Edition, *fol.* 5 *vol.*

Le Journal du Palais, *fol.* 2. *vol.*

Le Traité des Donations, par Ricard, *fol.* 2 *vol.*

Les Arrêts de Louet, nouvelle Edition, augmentée considerablement, *fol.* 2. *v.*

TABLE

Du Texte de la Coutume de Paris.

A

B

C

D

F

I

L

Point

N

O

S

Fin de la Table.

www.ingramcontent.com/pod-product-compliance
Ingram Content Group UK Ltd.
Pitfield, Milton Keynes, MK11 3LW, UK
UKHW012014240726
13965UKWH00002B/363